高等院校艺术设计专业精品系列教材
“互联网+”新形态立体化教学资源特色教材

网页设计

主　编　封　瑾　刘　隽　张　立
副主编　胡兰凌　叶劲松

中国轻工业出版社

图书在版编目（CIP）数据

网页设计 / 封瑾，刘隽，张立主编. —北京：中国轻工业出版社，2025.1

ISBN 978-7-5184-3142-7

Ⅰ.①网… Ⅱ.①封… ②刘… ③张… Ⅲ.①网页制作工具—高等学校—教材 Ⅳ.①TP393.092.2

中国版本图书馆CIP数据核字（2020）第153170号

责任编辑：李　红　徐　琪　　责任终审：李建华　　整体设计：锋尚设计
策划编辑：李　红　　责任校对：吴大朋　　责任监印：张　可

出版发行：中国轻工业出版社（北京鲁谷东街5号，邮编：100040）
印　　刷：艺堂印刷（天津）有限公司
经　　销：各地新华书店
版　　次：2025年1月第1版第2次印刷
开　　本：889×1194　1/16　印张：8.5
字　　数：220千字
书　　号：ISBN 978-7-5184-3142-7　定价：49.80元
邮购电话：010-85119873
发行电话：010-85119832　010-85119912
网　　址：http://www.chlip.com.cn
Email：club@chlip.com.cn

250107J1C102ZBW

前言 PREFACE

党的二十大报告中指出"实施国家文化数字化战略，健全现代化公共文化服务体系，创新实施文化惠民工程"。随着数字技术的发展，网页设计逐渐演变为一种视觉语言，是集创意、技术、美感于一体的创新活动。它可以根据客户的需求向浏览者传递信息。如何在浩瀚的网页海洋中，让设计出的网页脱颖而出，吸引更多受众人群，赢得用户的浏览和信任，这就需要考虑浏览者的使用体验。尤其在电子商务类型网站方面尤为重要。

网页设计具有技术性与艺术性融合的特征。一方面，网页设计综合了多个设计软件的运用，各种设计元素（如图像、动画、文字和流媒体等）都是通过网页编辑软件进行整合，从而形成网页。另一方面，随着网络信息的增加，人们对网页的形式有了较高的要求，出现了一些注重网页艺术效果的作品，网页设计就此发展成一门艺术，有了自身的艺术语言。

本书涵盖了网站建设与开发，网页策划与设计，信息与界面设计等专业基础内容，所用标准等均为国家标准。本书可作为高等院校设计类专业教材，也可供专业人士和设计爱好者阅读。本书遵循网页设计的规律，根据网页设计的基本流程，从用户需求出发，以提高网站用户体验为核心进行网页创意设计，围绕网站项目建设流程，分为网站策划构架、网页视觉设计、网站建设与网页制作三大部分。第一部分网站策划构架，重点讲解网站策划的工作内容和重要作用，包括分析业务目标和需求、怎样与客户合作、明确网站主题、网站结构规划，页面设计，内容编辑等。第二部分网页视觉设计，主要讲述从网站信息构架到网站的高保真原型的制作流程、方法和设计要点。内容涵盖网页的布局、色彩、字体、图像以及动效的基本原理。第三部分网站建设与网页制作，旨在引导网页设计初级、中级学习者了解并有效掌握 HTML5 和 CSS3 的核心技巧，采用基础知识加案例驱动的双轨模式，实例基本涵盖目前网络上所遇见的网站布局类型，以适应市场的需要和社会的需求。

本书由封瑾、刘隽、张立任主编，胡兰凌、叶劲松任副主编。限于作者水平，疏漏之处在所难免，恳请读者批评指正。

编者

目录 CONTENTS

第1部分 网站策划构架

第1章 分析业务目标和需求

第2章 适用于不同浏览器的设计

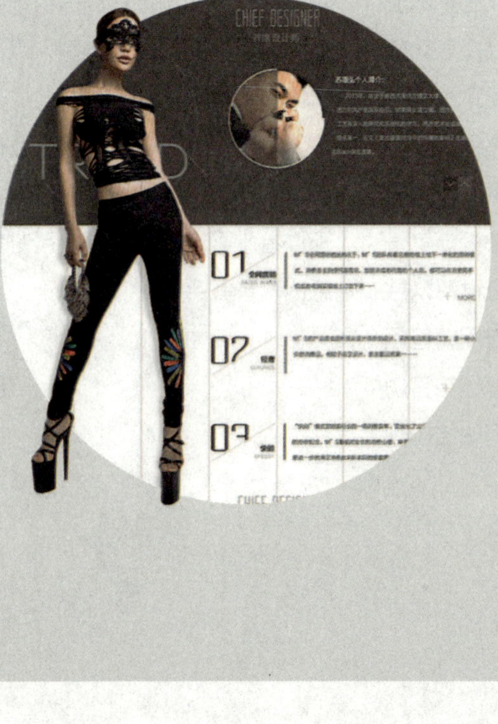

第2部分　网页视觉设计

第3章　网页设计原则

第4章　网页布局与导航

第5章　网页色彩

第6章　网页图像

第7章　网页文本

第3部分　网站建设与网页制作

第8章　代码之前的问题

第9章　HTML——页面结构与内容

第10章　CSS——视觉效果

第11章　CSS——页面布局

第1部分

网站策划构架

互联网是现实生活中不可缺少的工具。网站作为互联网上最主要的信息供应源，实现了信息的传播和人与人之间的交流。因此，网站建设不论对企业还是个人都具有非常重要的意义。网站策划是指应用科学的思维方法，进行信息收集与分析、设计、建设，以及对推广、经营等问题进行整体策划，并提供解决方案的过程。

网站平台绝大多数具有一种共性：网站策划思路清晰合理，界面友好、网站营销作用强。网站策划是一项比较专业的工作，包括了解客户需求、客户评估、网站功能设计、网站结构规划，页面设计，内容编辑、撰写“网站功能需求分析报告”，提供网站系统硬件、软件配置方案、整理相关技术资料和文字资料。

网站策划从业者应具有广泛的知识面，具备市场和销售意识，掌握人体工程学方面的知识，具备较强的沟通能力和文字表达能力。网站策划是网站建设中关键的一环，整体策划是否合理、周密，会直接影响网站的运营效果，它是网站建设必须要做的前期工作，并要求建站公司全盘考虑、全程参与。网站策划要求与客户互动，共同为网站制定合理定位、明确建站目标，并随时保持有效沟通，将这个目标贯穿于设计人员的思想和劳动中。

第1章

分析业务目标和需求

PPT 课件

若扫码失败请使用浏览器
或其他应用重新扫码！

本章学习目标

本章节为导论部分，从总体上介绍关于网页设计、策划、分析等内容和思路。掌握网页设计基本流程、设计调研和设计定位的思路与步骤。

1.1 分析业务目标

网站项目是建立在需求上的，这种需求往往来自于客户的实际需求，或者出于公司自身发展的需要。因此，项目负责人必须深入了解、分析和明确用户需求，准确、清晰地表述给参与项目开发的每位成员，保证开发过程以符合市场、满足用户需求为目的进行。

1.1.1 网站需求分析过程

网站需求分析过程需要开发人员与用户一起参与完成，要做到以下几点：

（1）开发人员与用户一起讨论,进行需求分析。

（2）网页设计师、技术开发人员与用户一起讨论，初步确定网站功能与页面视觉风格。

（3）全部开发人员与用户对网站功能反复讨论和修改，确定网站功能，明确网站定位。

（4）如果项目较大的话，应由部门经理或更高一级的领导参与到网站功能的确定过程中。

在需求分析的过程中，往往有很多用户不明确网站的需求，这就需要项目开发人员进行用户调查工作，帮助用户确定网站需求。调查的形式可以是：需求调查表、座谈及市场调研等。调查的主要内容如下：

（1）网站的作用，现在或未来可能出现的功能需求。

（2）用户对网站的性能需求（如访问速度），网站维护的需求和实际运行环境。

（3）网站页面整体风格、美工效果及各种页面特效。

（4）页面数量,是否需要多种语言编写。

（5）内容的编辑及后台录入任务的分配。

（6）项目完成时间进度。

（7）根据用户调查情况，总结用户需求，确定网站功能。

1.1.2 网站市场定位

根据做好的需求分析，结合市场需要，确定网站的市场定位。网站的价值是信息，显而易见，只有抓住人们对信息需求的关键点，才能找到网站根本的定位。网站是为人服务的，为人提供各种信息的，不同的网站为不同类别的人服务，如毕业生求职网是服务于广大应届毕业生的，腾讯邮箱是服务于普通大众的。汇集有用信息，满足各种信息需求，是网站市场定位重要的出发点。

1.1.3 网站策划的必要性及其原则

网站策划根据需要对网站建设中的技术、内容、费用、测试和维护等做出策划。网站策划对网站建设起到计划和指导作用，对网站的内容和维护起到定位作用。

一个网站成功与否，与建站前的网站策划有着极为紧密的关系。在建立网站前，应先明确建设网站的目的，确定网站的功能、规模和投入费用，进行必要的市场分析。

事实证明，经过完美策划的网站，其点击率和网络安全性能要优于一般网站。网站策划阶段需要先完成策划初期的UI设计图，然后根据UI设计方案与客户进行进一步的修改讨论,完成网站效果图。

没有经过策划的网站常会出现以下状况：

（1）频繁返工。频繁返工是网站建设最忌讳的一点。进行网站策划，可以避免由于考虑不周或安排不合理等造成的全体设计人员返工。

（2）浪费资金。网站建设需要支付大笔开销，策划一定要明确网站的主要目标、营销战略等，这样就避免了为了达到同一目标而多次投资的局面。

1.1.4 网站的策划原则

一个网站失败的原因各不相同，但成功的网站都有相似的策划理念。如果希望自己的网站成功，就要学会借鉴其他网站成功的经验，以下四条是成功网站必不可少的原则（图1–1）。

1.1.4.1 信息准确，不要让用户产生困扰

网页上每项内容都有可能迫使用户停下来，进行不必要的思考。例如“名字”，那些貌似很酷的名字，或带有营销倾向的名字和具体公司有关的名字，以及生僻的技术名词的名字等都很容易让用户产生困扰。

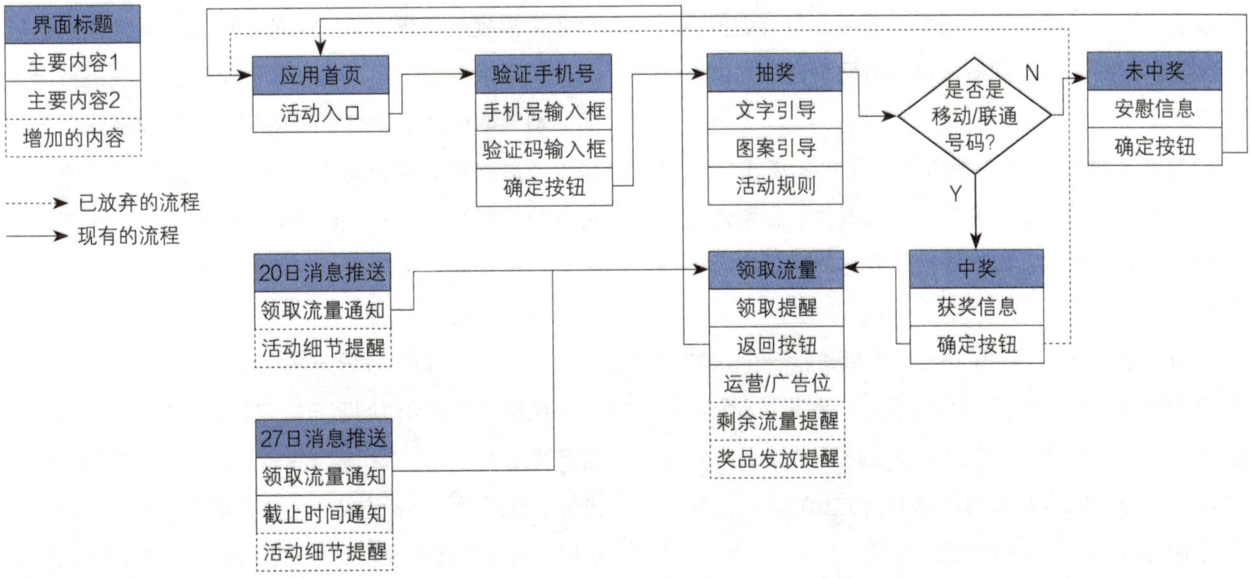

图1–1　网页交互流程图

网络用户通常需要看到准确的信息，提高效率，而不喜欢面对模糊、表述不清的信息。

1.1.4.2　不要让用户的等待超过30s

互联网用户法则：当用户等待超过10s，则基本对这个网站失去好感，如果超过24s，则用户会关闭网页。即使网站策划很出色，也不应该让网站的打开时间超过30s。如果超过了这个时间，就很可能会失去用户了。

1.1.4.3　设计明确的导航

如果用户登录一个网站，却找不到或者不知道这个网站是怎么组织的，就不太可能在那里待很长时间。所以作为网站策划者，一定要设计明确的导航。

雅虎首页左侧的导航列出了网站最常用（或访问最频繁，或网站运营商最想让用户知道）的几个栏目。这种导航（它包括网页顶部横向结构）是目前互联网中使用非常广泛的导航方式。

Tab式位置导航变体：

Amazon可以说是网络产品导航的鼻祖了。让我们再来看看Amazon的导航样式，它同样照顾到了用户使用的方便性。Amazon的导航网站的导航设计原则如下:

（1）导航条的位置。主导航条的位置应设在接近顶部或网页左侧。如果因为内容过多需要子导航时，要让用户很容易地分辨出哪个是主导航条，哪个是子导航条。

（2）导航内容的明显性。导航的目录或主题种类必须清晰，不要让用户困惑，而且如果有需要突出的主要网页的区域，则应该与一般网页在视觉上有所区别。

（3）准确的导航文字描述。用户在点击导航链接前对他们所找的东西会有一个大概了解，所以链接上的文字必须能准确描述链接所到达的网页内容，便于用户选择。

（4）做好5个“手指”。5个手指是指一个人的直观记忆力只针对5个以内的栏目，如果超过5个，则会觉得没有安全感。一般人的大脑把5个或更少的项目看作一组，但当其面对的项目超过5个时，他就必须把他们划分成较小的次组来处理。

要保持选择项在5组或5组以内，让访问者能够快速找到想选择的项目是很重要的，对一个好的网站来说，清晰的导航是最起码的标准，让访问者知道所处当前网站中的位置，并通过指引来浏览网站。例如，为用户可以做到的一件事就是“下一步”的选择数目尽量少，以便其快速选择项目列表。

1.1.4.4　平衡各项元素

平衡是一个好网站设计的重要部分。网站内容的设计，要做到以下几个方面的平衡：

（1）文本和图像之间的平衡。

（2）下载时间和页面内容之间的平衡。

（3）背景和前景之间的平衡。

1.1.5　网站分析报告写作

从哪里入手撰写网站需求分析？分析报告中应该选择和使用哪些指标？如何令网站需求分析结果更有价值？这些都是撰写网站分析报告时经常遇到的问题。通过以下四个步骤可以让网站分析报告变得更有价值。

1.1.5.1　明确分析目的，挖掘有价值的分析需求

网站的商业目的产生分析需求，而需求的价值则直接影响分析结果的价值。因此，在开始撰写一份网站分析报告前，要仔细思考并充分挖掘分析需求的价值。那么，什么样的分析需求是有价值的呢？我们先来看三类比较常见的客户分析需求。

第一类客户有明确的分析需求；第二类客户有一个非常模糊的需求；第三类客户无法清晰地表达自己的分析需求。对于第二类和第三类客户，在进行分析前必须要明确他们的分析目的和需求，以及这些分析需求与最终商业目标间的关系。没有明确的目的，就没有分析需求的产生，也没有分析的意义。在这种情况下，设计师也不知道该如何进行分析，更不用说分析结果的价值。

1.1.5.2　确定分析方法和报告逻辑

在明确了有价值的客户需求后，进入第二步，选择需要使用的分析方法和报告中的逻辑。首先是选择分析方法。选择哪种分析方法多半是由客户的需求和问题决定的。对于初级客户，多半会以递进的方式提出三个问题：表现怎么样？为什么会这样？如何修改并提高？这

三个问题几乎可以套用到任何场景下。比如，广告投放分析，网站结构分析，页面质量分析，转化分析等。对于这三个问题，通常情况下我们可以分别使用对比分析、细分分析和质量分析三种方法进行解答。

对于报告的逻辑，我们给出一个通用的分析逻辑，用户—影响—行动—转化—收益。这个逻辑可以和大部分广告投放方式及网站业务模式结合。我们将分析逻辑中不同的阶段映射到用户、广告、网站等不同的部分，并为每一部分的目的和问题选择准确的衡量指标。

1.1.5.3 使用准确的指标进行度量

前面两个步骤我们明确了分析目的、分析方法和报告的逻辑。下面开始为分析过程中不同的问题选择准确的指标进行衡量。指标的选择将直接影响分析的结果。如果指标选择不当，那么分析结果也可能是错误的。选择指标的规则只有一个，就是能准确衡量所要分析的问题。

使用哪个指标可以准确地衡量一个页面的质量？跳出率，退出率，浏览量，转化率这些指标都可以，但需要针对页面不同的功能和使用场景选择最准确的指标，而不是将所有相关的指标都放在上面。即使是针对同一个页面也是如此。

如何衡量页面质量？

（1）跳出率：页面作为登录页面时。

（2）退出率：页面出现在任务过程中时。

（3）浏览量：页面作为内容承载页时。

（4）转化率：互动页面，且无其他下级页面时。

1.1.5.4 使用图表和业务语言展现分析结果

最后一步，也是最重要的一步，就是对前面所有的工作进行呈现，让不懂网站分析和数据的客户也能快速理解报告中的信息。这可分为两部分：第一是选择合适的图表对分析结果进行展示。第二是将网站分析的专业指标转换为客户可以理解的业务语言，并按业务场景为客户进行解读。我们必须承认，没有客户对指标感兴趣，大部分客户根本就不想知道Visitor和Visit的区别，他们通常也不会对你的数字感兴趣，他们需要的是通过数据和分析对业务问题的解读。因此，不能只是简单地在分析报告中罗列数字和指标。还要告诉客户可能出现的具体问题并提供解决方案。

1.2 与客户合作

网站策划过程中应尽可能预计策划中的各个方面，在前期就应考虑到后期可能出现的问题并准备好应对预案。

1.2.1 建设网站前的市场分析

网站建设前一定要对市场进行分析，了解竞争对手、预判市场行情、明确目标用户，这样才能明确市场需求，有目的、有效地开发网站，避免做无用功。具体包括以下几点：

（1）相关行业的市场是怎样的，市场有什么样的特点，是否能在互联网上开展公司业务。现有市场主要竞争者分析，竞争对手的市场占有率及其网站功能。

（2）公司自身条件，公司概况、市场优势分析，公司可以利用网站提升哪些竞争力，建设网站的能力如何。

1.2.2 建设网站的目的及功能定位

网站建设前，一定要明确网站的目的，根据目的做出准确定位。具体有以下两点：

（1）明确建立网站的目的，如树立企业形象、宣传产品、进行电子商务、建立行业性网站等。

（2）整合公司资源，确定网站功能。根据公司的需要和计划，确定网站的功能类型。

1.2.3 网站技术解决方案

根据网站的功能确定网站技术解决方案，要进行以下几点分析：

（1）选择服务器的方式，确定是采用自建服务器，还是租用虚拟主机。选择操作系统，决定用Windows 200NT还是Unix.Linux,并对投入成本、功能、开发、稳定性和安全性等进行分析。

（2）选择网站的开发方式。是采用模板自助建站、建站套餐还是个性化开发。

（3）确定网站的安全性措施，如防黑客、防病毒等方案。选择动态程序及相应数据库,如程序ASP、JSP、PHIP,数据库SQL等。

1.2.4 网站内容及实现方式

网站的作用就是供读者浏览信息，网站的内容是网站的核心，其实现方式又体现了网站的技术水平和定位，其确定的主要根据如下：

（1）网站的结构导航。一般企业型网站应包括：公司简介、企业动态、产品介绍、客户服务、联系方式和在线留言等基本内容。更多内容如：常见问题、营销网络、在线论坛和英文版等。

（2）网站整体功能。如引导页、会员系统、网上购物系统、在线支付、问卷调查系统、在线支付，信息搜索查询系统和流量统计系统等。

（3）结构导航中的每个频道的子栏目。如公司简介中可以包括：总裁致辞、发展历程、企业文化、核心优势、生产基地、科技研发、合作伙伴、主要客户和客户评价等。客户服务可以包括：服务热线、服务宗旨和服务项目等。

（4）网站内容的实现方式。如产品中心使用动态数据库还是静态页面，营销网络是采用列表方式还是地图展示等。

1.3 网络设计业务目标的范本

一个网站从无到有，大致要经历这样一个基本流程：确定网站主题、网站整体规划、收集资料与素材、设计网页图像、制作网页。开发动态网站模块、测试与发布网站、后期更新与维护网站、宣传与推广网站等。

1.3.1 确定网站主题

建设网站，首先要解决的就是网站的内容。即确定网站的主题。对于网站主题的选择，定位要准、内容要精。不要试图制作一个包罗万象的站点，这往往会失去网站的特色，也会带来高强度的工作量，给网站的及时更新带来困难。美国《个人电脑》杂志（PC Magazine）评出排名前10位的知名网站：

（1）网上求职。如智联招聘网、应届生求职网等。

（2）网上聊天、即时信息：如人人网、QQ网页等。

（3）网上社区、讨论，邮件列表：如Myspace、赛我网等。

（4）计算机技术：如某些介绍Java开发的网站、网页。

（5）网站开发：如网页设计之家等。

（6）娱乐：如The Onion、Pandora等。

（7）旅行：如旅行门户网站等。

（8）参考、资讯：如T资讯网等。

（9）家庭、教育：如各国教育部网站等。

（10）生活、时尚：如Fashion Showroom、时尚资讯等。

网站的主题就是网站所要表达的主要内容，例如华军软件园，该网站的主要功能就是提供软件下载，一提起华军软件园，就能知道那是一个专门提供软件下载的网站。

能够体现网站主题和特色的是网站的名称。网站的名称字数要少，最好控制在6个字以内。文字要简单明了，不要用一些偏解、生疏的字。对于中文网站来说，没必要取英文名称。下面是一些不错的网站的名称供参考，如软件说明书、网易下载站、壁纸好莱坞、中国兼职网、黄金书屋、时尚魅力、健康无忧和商家乐园等。

1.3.2 明确建站目标

网站建设是以目标为导向的，目标决定了整个建站和网页设计过程中的内容、推广方式、页面设计及用户引导流程等。"让最多的人知道"这肯定是一个目标，但对于网站建设来说，却是一个不可执行的目标。

一个优秀的网站策划书的目标应该是可以被量化的，可以被分解的，并且要和网站属性有紧密关联的。

（1）网站建设的目标必须是可以被量化的，最好可以用数字来衡量。"让最多的人知道"这个目标可以被量化为广告的impression，也就是广告被展示的次数。但如果仅仅是这个目标的话，网络营销和传统的电视、报纸广告就没有区别了。网络营销的独特之处就是准确、可衡量、可优化。

例如：

①"当当网"做网络推广，他的目标一定是通过这次推广所带来的销售额或利润。

②"开心网"做网络推广，他的目标一定是新用户的注册量。

③"pplive"做网络推广，他的目标一定是客户端的用户注册量。

这些数字都是被量化的目标，是可以被执行的目标。

（2）目标必须可以被分解。网络营销的目标要可以被分解。这就意味着可以被分析、被优化。impression这个目标太简单了，不能被再分解了，所以"让最多的人知道"不是一个好的目标。

（3）目标必须和营利模式相关联。网络营销的目标可能各不一样，但最终目的都是获得利润。所以目标也必须和产品的营利模式相关联。比如"当当网"靠卖书赚钱，无论他的阶段目标是什么，最终一定是和卖书这个目标相关联的。pplive靠广告营利，所以更多的注册用户及用户在线时长也代表了广告平台的价值。

1.4 确定网页设计项目的范围

1.4.1 积累、收集、划分素材

作为网页设计者，尤其是页面设计师，前期一定要积累大量的素材，并且将其划定范围、系统分类。在网页的实际制作过程中，素材资料分为两种：

（1）特定素材（由客户提供）：网站的核心内容，需要准确宣传的信息、资料等。

（2）企业类网站：主要包括企业VI、企业内部资料（包括文字，图片）等。概括地讲，主要是企业的核心内容，具体要宣传的内容。

（3）教育类网站：主要包括学校概况、校内组织、学校内部设置分类、学校相应部门信息、学校相应照片资料、近期重要新闻等。

（4）一般素材（设计者提供）：发挥装饰作用的图片、文字、多媒体等，由设计者自行收集设计。企业Logo、名称、图片、背景纹理及素材图等。

1.4.2 网页布局规划

网页布局规划是指在网页创建前必须明确创建网页的主题、目的和内容，也就是网站提供哪些服务和内容、网站的设计方案、网站的调试和发布方案、后期网站的维护和推广方案，投入费用以及必要的市场分析等。在前面几节内容中，已经具体介绍了网站的主题、目的、内容及其具体策划，本节主要介绍网站的整体布局规划。当网页最初呈现时，就像一张白纸，设计师不但要控制设计视觉元素，还要掌握约定俗成的标准，遵循大多数访问者的浏览习惯。

1.4.2.1 页面尺寸

由于页面尺寸与显示器大小及分辨率有关，网页的局限性就在于页面无法突破显示器的范围，而且因为浏览器将占去一定空间，所以留下的页面范围就变得有限，一般目前的浏览器的工具栏都可以取消或增加，那么显示全部的工具栏和关闭全部工具栏时，页面的尺寸是不一样的。

在800px×600px分辨率下,网页宽度保持在778px以内，就不会出现水平流动条，高度则视版图和内容决定。在1024px×768px分辨率下，网页宽度保持在1002px以内，如果满框显示的话，高度在612~615px之间，就不会出现水平流动条和垂直流动条。

1.4.2.2 Banner

一个网站的名字多数显示在这个位置，这样用户能很快知道这个站点的重要内容。Banner是整个页面规划的关键，它关联到其他更多设计和整个页面的风格定位。通常全尺寸Banner为468px×60px，半尺寸Banner为234px×60px，小Banner为88px×31px。每个静态页面含图片字节不超过60kb，全尺寸Banner不超过14kb。

1.4.2.3 主要内容部分的布局

一般网站的内容被划分为左右两栏。有的分为左、中、右三栏,有的则为不规则分栏。现在网站一般多采用前两种分栏布局方式。

1.4.2.4 页脚

页脚和Banner相呼应，Banner是放置站点主题的地方，页脚是放置制作者或公司信息的地方。可以看到许多制作信息都放置在页脚。

1.4.3 设计网页图片的选择

随着网络技术的高速发展，网速和带宽能力越来越强，中国的无线互联网已快进入5G时代，宽带网速也大幅度提升。技术升级对网页设计的影响是显而易见的，网页上的多媒体素材可以更丰富，图片、视频、音频都已经不再被网速限制，这也为网页设计师发挥设计能力提供了更多可能性和自由度。但设计师们也必须意识到，即使在网速提高的前提下，网页浏览速度依然很重要。在设计过程中，不仅要考虑页面的美观，也需要顾及所有设计元素对网页浏览速度的影响。在运用图片素材时，应更多考虑到图片的质量和是否符合整体网页色调，图片素材的风格是否符合网站整体风格等。

在设计网页图片时，常会遇到以下问题：

（1）图像没有经过专业处理直接用在页面上。

（2）不注意图片与文字的互补搭配。

（3）图片质量太差，模糊不清。

（4）图片孤立，与整体色调缺乏统一。

（5）用色怪异，图片颜色随意，不和谐。

（6）背景与文字缺乏明度对比，复杂的背景图像掩盖了前景文字的内容。

（7）为了填补网页上的空白，用图片来凑数。

出现这些问题的关键是设计者的思路有问题和经验不足，他们并没有意识到网页中图片的实际作用，他们往往认为图片只是点缀。其实网页中，图片的真正意义在于丰富网站，反映网站的统一形象，加深浏览者对网站形象的记忆，更快地掌握网站的内容。因此，网站图片一定要少而精，与网站形象不符的图片宁可去掉。就企业网站而言，首页往往要突出设计，它的内容很少，有的只是象征性的图片。很多企业网站的首页使用了大量的图片，有的甚至整页都是由图片切割而成。

网页中图片的选择和设计要注意符合网站主题：

（1）在突出图片主题的情况下，控制图片尺寸。

（2）避免利用图片标签中的内容修改图片尺寸，应利用图片编辑软件进行修改，如Photoshop等。在保证图片质量的同时，尽可能地优化图片元素。

（3）创建与大图片链接的缩略图。

（4）不要将小图片直接拉大使用，这样会使图片显示质量明显下降，影响浏览效果。

（5）确定网络设计项目的范围。

1.5 识别客户群体

随着经济全球化和知识化的到来，越来越多的行业产品同质化速度加快，市场竞争日益加剧；买方市场在大部分领域形成，客户需求多样化和个性化的特点日渐明显。国内不少企业建立起庞大的服务网络，不顾成本地向客户承诺服务（例如某企业将售后免费服务由过去的三次增加至五次）。但这种无差异、无原则地承诺过多的免费服务，使得企业的客户服务部门完全沦为企业的“成本中心”，企业利润空间被极度压缩，营销生物链处于病态。国外越来越多的企业商业模式正在由“产品是利润来源”“服务是为了销售产品”向“产品是提供服务的平台”“服务是获取利润的来源”转变。

1.5.1 客户关系管理与客户服务的研究框架

客户关系管理的概念形成于20世纪90年代，最早由Gartner Group提出，90年代后期引入中国。从概念的提出到现在，客户关系管理一直是研究的热点。

客户细分（基于客户特征、需求、购买模式等划分）模块间的交互、客户资产管理的主要模块、客户行为（购买、沟通、询问等）、营销行为（定价和促销决策、忠诚计划等），配置资源最大化客户资产（交叉考虑不同细分、功能领域、市场组合等），建立综合、动态的客户数据库（包括利润、成本数据，购买和接触历史等），预测每一位客户细分的 CLV（考虑企业的多种营销行为和竞争环境等的影响）。综合来说，在一定程度上阐明了企业与客户在价值和行为上的依存关系，理清了客户关系管理中各个模块的关系和流程，为客户关系管理和客户服务的研究及实践提供了总指导。

1.5.2 客户识别相关的研究

分析客户数据、获得客户知识是客户关系管理中最重要的内容，而其中最关键的过程就是要发现对企业有某种意义的客户，为企业各类服务活动提供实施目标或规划目标指导，即客户识别。客户识别的需求主要源于企业服务能力或服务成本的约束以及对企业利润最大化的追求，而且不同的服务活动提出了客户识别的不同要求。不同客户识别需求下的客户识别方法差异也较大，主要关注对服务实施目标的识别，尤其是对重要客户（包括潜在客户）的识别。不同的服务活动会提出不同的客户识别要求。

客户识别的研究由来已久，甚至早于客户关系管理的研究，最早是对直接营销（Direct Marketing）中邮寄策略（Mailing Decision）的研究，邮寄策略就是要识别最有可能回应促销邮件的客户，是新客户获取中的客户识别。关键客户管理（KAM：Key Accounts Management）中也把关键客户识别作为首要研究的问题。随着客户生命周期价值（CLV：Customer Lifetime Value）等概念的兴起，客户识别的研究就更加兴盛了。从不同的角度可以对客户识别的过程和方法进行不同的分类。

1.5.3 客户定位：考虑企业行为对客户影响的识别模式

客户信息来源众多，内容繁杂，进行分类研究十分必要。相关研究很多，应该被关注的战略性客户相关信息包括：客户的当前需求（价值）、客户对供应商的满意程度、顾客感知价值的变化。客户信息包括客户自身的信息（information of the customer）、提供给客户的信息（information for the customer）和客户创造的信息（information by the customer）。客户信息也分为客户特征信息、客户需求信息和客户价值信息。

在制造分销型企业的背景下，客户信息分为以下几个类别：

1.5.3.1 客户特征信息

客户可以分为消费者和企业客户两类，消费者客户的特征信息主要是人口统计信息，如性别、年龄、家庭、收入、住址等。企业客户的特征信息则主要是企业的基本信息，如企业规模、行业地位、企业性质、营收规模、服务范围等。企业客户的特征信息还包括企业的高级管理人员的部分相关信息。客户特征信息是客户相对固定不变的信息。这类信息有的随客户注册而获得，有的需要企业主动调查打听获得，还有的可以通过购买潜在客户信息列表而获得。

1.5.3.2 客户行为信息

主要包括客户的购买历史信息和接受服务的历史信息，前者如购买时间、购买产品、购买数量、价格、支付手段等；后者包括客户主动请求服务和企业主动服务的历史信息。这类信息一般随着客户的购买、服务请求，企业服务活动等产生，比较容易获得。

1.5.3.3 客户态度信息

主要包括客户对企业产品、服务的满意度信息，客户对品牌的认同程度，未来再次购买的倾向等。这类信息比较难收集。一般通过企业自身或第三方调查公司市场调查获得，调查方式包括网络调查、问卷调查、访问调查等。

1.5.3.4 客户需求信息

主要指客户的未来需求信息，消费者客户的这类信息往往是无法预知的，但可以通过各种模型和方法预测。企业客户的这类信息有的是客户通过公开招标的方式发布的，有的是通过其他社会网络获得的。

1.5.4 客户相关价值概念

客户价值（Customer Value）与客户的价值（Value of a customer）常常被混淆。客户价值包括客户感知价值和客户期望价值。客户感知价值包括客户利益、客户成本和客户风险三个维度。客户感知价值评估包括准备、调查和策略规划三个步骤。客户价值包括产品价值、服务价值和关系价值三部分。客户价值可以从多个抽象层次加以定义，至少可以从两个层次区别客户价值：第一个层次是购买决策中客户的感知利益和感知成本的平衡；第二个层次是客户寻求满足目的的利益，这是客户在做出购买决定前对他们需求的思考。

但是出于第二个层次的客户的目的和期望常常是模糊的、难以评估的，尤其是对新产品、新服务来说。很多企业借助于更容易评估的客户满意数据作为商业发展的根据。然而这些企业往往忽视了客户满意数据战略性内容的缺乏，客户满意数据只能用于提高已有的产品，而客户价值数据则会给目标客户提供差异化产品和服务的信息。

1.5.5 客户识别问题

国内外已经有了大量关于客户识别的研究，但是它们大多集中在对消费品市场，尤其是营销的研究，而关于网络客户识别的研究还不多见。网站客户关系更趋于关系导向，主要表现在：

（1）网站的使用者主要是个体客户，客户的购买决策过程复杂、时间长，参与决策的情绪多变；网站必须关注客户的决策过程。

（2）客户购买产品的目的是消费，为了保障产品运行的可靠性，网站必须提供全面可信的产品信息。

（3）客户与网站的关系不只是简单的购买关系，还可能有相互合作的关系，如有的客户需求能促进和帮助网站技术升级改造等。与消费品市场企业客户识别相比，制造分销型企业的客户识别问题显然更复杂。

1.5.6 消费品市场客户定位的过程

消费品市场中，客户定位是客户识别的最主要手段，主要为一对一营销或服务活动（如邮件促销）选择目标客户，一般包括以下过程：

（1）在随机选取的小范围客户内进行一对一营销或服务活动试验，收集经过一定的反应时间（如3～6个月）后，客户的产品购买数据；或直接利用企业的历史营销和服务活动客户反应数据。

（2）把以上数据随机抽样划分为训练数据和检验数据两部分，在训练数据上应用各种客户定位模型，如，应用决策树分类模型获得客户定位规则；应用线性回归、逻辑回归等方法获得客户定位概率公式；应用人工神经网络获得客户定位的训练网络等；在检验数据上，验证模型应用结果（规则、概率公式或训练网络）的定位正确率。

1.6 业务目标清单

网站建设的目标是什么？需要怎样的网站？需要合理的规划和明确的目标。

获得更多的目标客户

1.6.1.1 展示企业形象

将企业各方面资料印上自己的网址，客户第一感觉会是这个企业跟得上时代。客户上了企业网，风格协调、内容丰富，就会感觉企业很有档次。这在无形中提升了企业的知名度和美誉度。

1.6.1.2 其他拓展功能

企业网站建设后，通过与客户互动，可以更及时地了解产品、服务、市场信息等情况，为企业提高产品质量、改进企业服务、把握市场信息、调整经营方向提供参考和依据，这些比传统营销功能实现要更简单、全面。另外，企业网站建设后，全国，甚至全世界都有机会看到，可以为企业经营、发展提供更多的合作机会。

建设公司网站，可以树立公司的形象，建立领先同业的战略优势。运用先进的传播扩展手段，增大公司的用户数量，建立统一的资料发送和接收系统，增强了安全性、稳定性、及时性，保证了客户的利益。网站建设大大提高了商务通信速度，扩大了通道的功能。拉近了公司与客户的距离，增强了公司与客户的关系。公司的网络站点使双方都方便地了解到对方的最新数据，而电子数据交换则意味着公司之间的合作得到了加强，提高了服务质量，并能以一种快捷、方便的方式提供公司及其产品的信息和客户所需的服务。最大限度地达到对资源的利用和共享，提高工作效率，节省工作时间。提供了相互交换式的销售渠道，使相关人员及时得到各种反馈信息，改进本身的工作。

简而言之，网站设计并不是单纯展现网页设计师的个人作品和品位，而是需要考虑企业建站的目的，建设具有可用性和搜寻引擎友好的企业网站。

课后习题

1. 了解网页设计需要的知识体系和知识结构，熟悉设计思路和策划步骤。尝试举例说明。
2. 尝试为一家影视传媒公司设计网站，做好前期网站策划和设计调研。

第2章

适用于不同浏览器的设计

PPT 课件

本章学习目标

了解学习网页设计的具体实施步骤：适用于不同浏览器、不用的显示器等基础知识。需要配合适当设计练习，掌握理论知识。熟悉浏览器发展史以及对网页设计的影响，学习显示器对网页设计的约束作用，以及熟悉适用不同受众群体的设计思路。

2.1 浏览器使用统计信息

2.1.1 网页浏览器

网页浏览器（web browser），简称为浏览器，是一种用于检索并展示万维网信息资源的应用程序。这些信息资源可为网页、图片、影音或其他内容，信息资源中的超链接可使用户方便地浏览相关信息。

网页浏览器虽然主要用于使用万维网，但也可用于获取专用网络中网页服务器的信息或文件系统内的文件。主流网页浏览器有Mozilla Firefox、Internet Explorer、Microsoft Edge、Google Chrome、Opera及Safari。

2.1.2 浏览器发展历程

现在浏览器已成为网上生活的重要家园和工具。从1991年，Web之父Tim Berners-Lee亲手设计第一个HTML浏览器开始，到现在HTML5大行其道，苹果、谷歌等创新企业引导潮流，发展十分迅速。

浏览器内核英文是Rendering Engine，中文翻译有很多，如，排版引擎、解释引擎、渲染引擎，现在流行称为浏览器内核。内核可以分成两部分：渲染引擎（Layout engineer）或JS引擎。内核负责取得网页的内容（HTML、XML、图像等）、整理讯息（例如加入CSS等），以及计算网页的显示方式，然后会输出至显示器或打印机。浏览器内核的不同对于网页的语法解释会有不同，所以渲染效果也不相同。所有网页浏览器、电子邮件客户端以及其他需要编辑、显示网络内容的应用程序都需要内核。JS引擎则是通过解析Javascript语言，执行javascript语言来实现网页的动态效果的。

需要注意浏览器和浏览器内核是不同的概念，浏览器指的是Chrome、Firefox、Safari、Opera等，而浏览器内核则是Blink、Webkit、Gecko、Trident等。浏览器内核负责渲染，GUI及网络连接等跨平台工作则是通过浏览器实现的。

2.1.2.1 第一次变革：Netscape王者

从1994年网景通信公司推出了代号为“网景导航者”的网景浏览器1.0，互联网历史上第一款商业化浏览器产品——Netscape诞生了，随后的Netscape 6开始采用Gecko内核。后来的Mozilla FireFox（火狐浏览器）也采用了该内核，Gecko的特点是代码完全公开，因此，其可开发程度很高，全世界的程序员都可以为其编写代码，增加功能。因为这是个开源内核，因此受到许多人的青睐，Gecko内核的浏览器也很多，这也是Gecko内核虽然年轻但市场占有率能够迅速提高的重要原因。这款产品迅速风靡，随后迭代版本占领了浏览器大部分份额。在最鼎盛的时期，风光程度甚至超过了后来者Internet Explorer（IE）。

2.1.2.2 第二次变革：蝗虫IE

1997年微软基于Mosaic（“马赛克”，这是人类历史上第一个浏览器，从此网页可以在图形界面的窗口浏览）代码修改成了新的Trident内核，开发出了Internet Explorer，而且微软把IE浏览器捆绑在了他自己的操作系统中。IE从版本11开始，初步支持WebGL技术。Window 10发布后，IE将其内置浏览器命名为Edge，Edge最显著的特点就是新内核EdgeHTML。

2.1.2.3 第三次变革：Mozilla

1998年1月，新一代的Gecko内核引擎和IE不无关系，由于IE本身的“垄断性”（虽然名义上IE并非垄断，但实际上，特别是从Windows 95一直到Windows XP初期，就市场占有率来说IE的确借助Windows的东风处于“垄断”的地位）而使得Trident内核长期一家独大。

2.1.2.4 第四次变革：苹果Safari来了

苹果推出的基于WebKit内核的Safari浏览器则引导了浏览器的本质回归潮流。Safari在2003年1月7日首度发行测试版，并成为Mac OS X v10.3与之后版本的默认浏览器，也成为苹果其他系列产品的指定浏览器（也已支持Windows平台）。WebKit内核则是苹果基于KDE小组（Linux桌面系统）的KHTML引擎开发出来的，可以说WebKit是KHTML的一个开源的分支。当年苹果在比较了Gecko和KHTML后，选择了后者做引擎开发，是因为相比Gecko，KHTML拥有清晰的源码结构和极快的渲染速度，也实现了JavaScript脚本的快速解释器调用。

2.1.2.5 第五次变革：后起之秀——谷歌

谷歌Chrome（Bink/Chromium）自苹果推出WebKit内核后，这种回归本质的轻灵受到了谷歌的青睐，2008年Chrome横空出世。界面简洁、加载快速、数据安全等特点让Chrome越来越受人们喜欢，甚至好过苹果了。加之很多Web开发者对其的追捧，最终使其市场份额逐步攀升，成了后起之秀。

谷歌发布的Chrome浏览器使用的内核被命名为Chromium。Chromium虽然是开源引擎Webkit的一个分支，却把WebKit的代码梳理得可读性提高很多，所以以前可能需要一天进行编译的代码，现在只要两个小时就能搞定。因此，Chromium引擎和其他基于WebKit的引擎所渲染页面的效果也是有出入的。所以有些地方会把Chromium引擎和Webkit区分开来单独介绍，而有的把Chromium归入Webkit引擎中，都是有一定道理的。谷歌公司后来还研发了自己的Javascript引擎，极大地提高了Javascript的运算速度。

2.1.2.6 第六次变革：1+1>2，双核时代

Webkit的异军突起将浏览器的特性拉回到“浏览”的本质上来——评价浏览器优劣的关键词不外乎三个方面：兼容性、安全性、浏览速度。而追究每一

次浏览器的更替，你总会发现，它们在这三方面有致命缺陷。

如此情况下，一种新的呼声正在崛起——多核。

国产浏览器起源于IE，一位网名为changyou（畅游）的程序员于1999年在论坛上发布一款叫“My IE”的浏览器，基于IE，但采用多窗口浏览，占用系统资源比IE 6少很多，且有鼠标手势、视觉化书签等功能。后来“畅游”这个人就消失不见了，My IE版本到3.2版本后就再也没有更新过。My IE代码停更后，有很多程序员接起了My IE的开发工作。不过因为没有My IE作者的参与，各自为战，从而诞生了一大批以My IE为基础的浏览器，其中最出名的就是My IE 2（后改名Maxthon）、网际畅游（后改名GreenBrowser）和TheWorld（世界之窗）。

2.2 设计策略

2.2.1 上网用户使用浏览器和分辨率

Web设计师真的可以忽视IE浏览器了吗？显然不能，使用IE的仍大有人在。本节搜集了较新的Web浏览器，屏幕分辨率以及操作系统的分布数据，Web设计师可以借此对自己的设计做调整，比如，768px×1024px以下的屏幕真的很少了，如果硬要照顾这个分辨率，不难发现，一个800px宽的页面在1440px宽的屏幕上无法正常显示。

2.2.2 不同屏幕、分辨率分布

由于电脑硬件产业的发展，当前显示器分辨率在768px×1024px以下的屏幕所占的比例已经很少，而800px×600px的屏幕只占3.69%。所以，现在的Web设计师，除非做的是弹性页面设计，一般不会考虑800px宽的屏幕。否则，800px宽的页面放在1440px宽的屏幕上浏览实在无法协调。

其他屏幕尺寸占了10.38%，这10.38%中多数应该是移动浏览器，因为Wap一直没有真正发展起来，因此，单独针对移动浏览器进行设计也未必值得，Opera Mobile这样的浏览器已经可以像桌面浏览器那样渲染网页，同样，那些基于代理渲染的浏览器更是和桌面的渲染结果没有什么区别，差别的只有屏幕尺寸，然而，移动设备的屏幕尺寸实在太小了，只能让它自己左右滚动。

值得一提的是iPhone，鉴于它的流行，很多站点都推出iPhone版，WordPress已经支持iPhone，然而仅限于布局相对简单的站点，普通的站点，在320px的屏幕上是很难不用滚动条完成布局的。

2.2.3 浏览器分布

就像世界上任何其他公司一样，浏览器也有竞争。如果有一些巨大的网络标准组织迫使所有网络浏览器执行相同的操作，那么对于多个浏览器就没有用处了，我们实际上只有一个浏览器。但是因为浏览器正在为用户而战，他们为了吸引用户而构建了不同的功能。

随着网络进入下一个十年，浏览器将会做更多的事情来区分自己，这意味着需要找出更好的方式来处理浏览器的兼容性。

2.2.4 解决网页浏览器兼容性的问题

为了能让网站设计正常运行于各种浏览器平台，网站设计者必须处理好网站建设中的浏览器兼容问题。现在网站设计出现了一项新技术——CSS Hack。

CSS Hack是针对不同浏览器写出不同的CSS code的过程，主要用来解决各类浏览器无法标准解析CSS样式，让同一网站设计页面在不同浏览器下显示效果一致。

2.3 了解客户

网站的风格定位是网站建设的第一步，是网站走向成功的起点，其重要性应得到足够的重视。影响网站风格定位的主要因素有：公司企业文化、行业特征、产品定位和客户定位等。建立网站的最终目的是为了通过网络吸引更多的潜在客户，而其中最重要的问题就是如何让浏览者找到网站，一个没有信息特色的网站很容易淹没在搜索引擎海量的信息中。因此，网站的信息组织是网站建设的核心。

2.3.1 网站的风格策划

中国在网页设计方面也逐步从向欧美、日韩等国家网站风格的学习阶段转向中国特色阶段，通过运用一些具有中国传统特色的元素和构图方式，逐步脱离了欧美、日韩等国家网站风格的设计，形成一种中国文化特色的网站风格。网站风格的策划是网站建设初期的重点，网站策划者必须尊重网站的定位，遵循网站策划的原则进行设计。

2.3.2 网站的风格定位

现在，人们越来越依赖网络解决问题。比如，企业在采购之前往往通过网条搜索想要的供应商，或者通过网络了解供应商的基本情况。进入企业网站之后，首先看到的就是网站风格。对企业的第一印象就立刻形成，网站的风格对于品牌形象的重要性不言而喻。

网站风格主要包括：

（1）站点的CI：比如设计网站的Logo，网站的标准色彩及字体等。

（2）版面布局：如网站的信息栏摆放位置等。

（3）预览方式：如“网站导航”“点击这里”“搜索框”等方式。

（4）交互性：如网站的交互方式设计，交互次数统计等。

（5）网页表现形式：如网页的媒体形式的选择等。

网站的风格定位是企业对外形象的一种展示，对企业尤为重要。它是用户对企业形象最直观的感知，对企业网络品牌影响甚大。网站风格定位的准确性是网站建设成功的第一步。网站风格由网站整体形象与主色调、网站内容主次布局和网站色块线条细节组成。整体形象由网站策划、网站布局、网站美工以及技术细节处理综合协调形成。网站主体色调是浏览者的眼睛一瞬间捕捉到的色彩。给浏览者较强的心理暗示。网站内容应主次分明，让浏览者第一眼捕捉到网站的核心内容，知道网站是干什么的。网站细节处理决定着网站是否干净清爽，是否有视觉干扰，是否能让用户舒心愉快地浏览内容。

网站内容布局源自与客户的充分沟通。要提炼出企业最需要突出的核心内容。

网站建设最重要的标准就是：精确到每一个像素，细致到每一段代码。大部分网站策划人员都非常重视网站定位，但却偏偏忘记了网站风格的定位。大部分网站策划人员对网站风格定位都非常草率，通常所做的就是去抄袭（学习）竞争对手或国外的成功网站。然后改改颜色，调整一下频道内容即可。从近几年中国电子商务发展的过程可以看出，像当当网、京东网这类电子商务在很大程度上受到了美国Amazon的影响，基本的栏目和布局差不多，只是颜色和布局上都做了一定程度的调整。网站风格主要根据网站内容和网站目标客户群体这两方面来决定，不同的目标客户对于同一个网站的感受是不一样的。显然，以上两个网站是完全不同的网站风格。

经数据统计，女性更喜欢“BeautyBay网店”，其色彩鲜艳，内容丰富，而男性会喜欢“千丽网”的干净整齐，思路清晰。为什么会出现这样的情况呢?从生活角度来看这种现象就非常容易理解了，女孩子喜欢逛街，而且愿意去装修有特色的地方。因为她们购物多数是凭感觉，依靠一下子的购物冲动，哪怕是很贵的东西。而男性购物通常是先决定要买什么，然后关注品牌、价格，经过反复对比后才决定买什么东西，决定后就直接去寻找这件商品，所以二者对网站风格的偏好会有所不同。

2.3.3 网站风格策划的原则

用户是网络产品、资源和页面访问的最重要的使用者。由于电脑和网络的共享性，用户遍及各个领域，而各个领域对网站也有着不同的风格需求。因此，必须了解各类用户的习惯、技能、知识和经验，以便预测各类不同的用户对网站内容和界面的不同需求和体验感受，为网站最终的开发设计提供依据和参考。由于各个网站面对的用户情况不一，因此，在网站策划设计中，首先，要考虑用户的使用习惯。比如传统行业的人喜欢线条明快的暖色系，IT行业的人喜欢柔和的淡色系等。这在门户网站的设计应用上较为广泛。其次，要考虑网站所有者希望表述的风格。希望通过风格而改变用户对网站的印象，这一般适用于公司网站。如广告公司大多以印象派元素和精美的设计风格为主。最后，对于网站风格的定位要确定一个大致的风格走向，比如休闲类、经济类、娱乐类、医药类和汽车类等类型的网站各自的风格肯定是不相同的。营造出各种类型网站的整体气氛，需要对各行业具有敏锐的观察力和熟悉度。进而确定使用什么样的色调和风格搭配。这样可以保证在头脑中有一个比较明确的概念和设计定位，并对设计师的工作产生积极的方向引导。

2.4 适用于不同显示器的设计

固定宽度的静态网站很快被灵活的响应式设计所取代，该设计可以根据屏幕大小进行上扩和下扩。利用响应式设计，无论采用什么设备或屏幕来访问网站，都可以呈现一个可用的界面。响应式设计可以响应各种屏幕大小，因此也成了“前瞻性”的网站，屏幕将随着新的智能手机和平板电脑的问世而快速演变。实现响应式设计的主要途径是使用CSS媒体查询。

2.4.1 显示器分辨率的因素

屏幕分辨率是指屏幕显示的分辨率。屏幕分辨率确定计算机屏幕上显示多少信息的设置，以水平和垂直像素来衡量。就相同大小的屏幕而言，当屏幕分辨率低时（例如640px×480px），在屏幕上显示的像素少，单个像素尺寸比较大。屏幕分辨率高时（例如1600px×1200px），在屏幕上显示的像素多，单个像素尺寸比较小。

显示分辨率就是屏幕上显示的像素个数，分辨率160px×128px的意思是水平方向含有像素数为160个，垂直方向像素数为128个。屏幕尺寸一样的情况下，分辨率越高，显示效果就越精细和细腻。

无论是液晶显示器还是传统的CRT显示器，分辨率都是重要的参数之一。传统CRT显示器所支持的分辨率较有弹性，而液晶的像素间距已经固定，所以支持的显示模式不像CRT那么多。液晶的最佳分辨率也叫最大分辨率，在该分辨率下，液晶显示器才能显现最佳影像。当液晶显示器呈现分辨率较低的显示模式时，有两种方式进行显示。第一种为居中显示：例如在XGA 1024px×768px的屏幕上显示SVGA 800px×600px的画面时，只有屏幕居中的800px×600px被呈现出来，其他没有被呈现出来的像素则维持黑暗。目前该方法较少采用。另一种称为扩展显示：在显示低于最佳分辨率的画面时，各像素点通过差动算法扩充到相邻像素点显示，从而使整个画面被充满。这样也使画面失去原来的清晰度和真实的色彩。由于在相同尺寸的液晶显示器的最大分辨率都一致，所以对于同尺寸的液晶显示器的价格一般与分辨率基本没有关系。买液晶显示器的时候千万不要只顾着看亮度对比度，而忘了看它的物理分辨率。

2.4.2 点距

像素间距（pixel pitch）的意义类似于CRT的点距（dot pitch），一般是指显示屏相邻两个像素点之间的距离。我们看到的画面是由许多点形成的，而画质的细腻度就是由“点距”决定的，点距的计算方式是以面板尺寸除以解析度所得到的数值。以LCD为例，14in的液晶显示器的可视面积一般为300mm×190mm，分辨率为1280px×800px，从而计算出此LCD的点距是300/1280=0.2344（mm）或者190/800=0.2375（mm）。点距越小，图像越细腻。

2.4.3 响应式网页设计

响应式网站设计是一种网络页面设计布局，其理念是：集中创建页面的图片排版大小，可以智能地根据用户行为以及使用的设备环境进行相对应的布局（图2-1）。

此理念于2010年5月由国外著名网页设计师Ethan Marcotte提出。

响应式网站设计（Responsive Web design）的理念是：页面的设计与开发应根据用户行为以及设备环境（系统平台、屏幕尺寸、屏幕定向等）进行相应的响应和调整。具体的实践方式由多方面组成，包括弹性网格和布局、图片、CSS media query的使用等。无论用户正在使用笔记本还是iPad，页面都应该能够自动切换分辨率、图片尺寸及相关脚本功能等，以适应不同设备；换句话说，页面应该有能力自动响应用户的设备环境。响应式网页设计就是一个网站能够兼容多个终端——而不是为每个终端做一个特定的版本。这样，就可以不必为不断到来的新设备做专门的版本设计和开发了。简而言之，就是让网页可以自动适应不同显示器的大小，调节为合适的宽度和高度，不仅方便客户使用，也为开发者减轻了负担。

Ethan Marcotte曾经在*A List Apart*发表过一篇文章“Responsive Web Design”，文中援引了响应式建筑设计的概念：现出现了一门新兴的学科——“响应式架构（responsive architecture）”，物理空间应该可以根据存在于其中的人的情况进行响应。结合嵌入式机器人技术以及可拉伸材料的应用，建筑师们正在尝试建造一种可以根据周围人群的情况进行弯曲、伸缩和扩展的墙体结构；还可以使用运动传感器配合气候控制系统，调整室内的温度及环境光。已经有公司在生产“智能玻璃”：当室内人数达到一定的数量时，这种玻璃可以自动变为不透明，确保隐私。

将这个思路延伸到Web设计的领域，我们就得到了一个全新的概念。为什么要为每个用户群各自打造一套设计和开发方案？与响应式建筑相似，Web设计

图2-1　同一个网站要应对不同大小的终端设备

同样应该做到根据不同设备环境自动响应及调整。

无须使用运动传感器或机器人技术，响应式Web设计更多需要的是抽象思维。好在一些相关的概念已经在实践中运用：比如液态布局和帮助页面重新格式化的media queries和脚本等。但是响应式Web设计不仅是关于屏幕分辨率自适应以及自动缩放的图片等，它更是针对设计的全新思维模式。

2.4.4 响应式页面的技术手段

通过响应式的设计和开发思路让页面更加“弹性”了。图片的尺寸可以自动调整。在这种技术支撑下，网页布局再不会被破坏。虽然永远没有最合适的解决方案，但它给了我们更多选择。无论用户切换设备的屏幕定向方式，还是从台式机屏幕转到iPad上浏览，页面都会真正的富有弹性。

响应式图片技术思想：不仅要同比的缩放图片，还要在小设备上降低图片自身的分辨率。这个技术的实现需要使用几个相关文件，我们可以在Github上获取。包括一个JavaScript文件，一个htaccess文件，以及一些范例资源文件。大致原理是，通过检测当前设备的屏幕分辨率：如果是大屏幕设备，则向页面head部分中添加BASE标记，并将后续的图片、脚本和样式表加载请求定向到一个虚拟路径“/rwd-router”。当这些请求到达服务器端，htacces文件会决定这些请求所需要的是原始图片还是小尺寸的“响应式图片”，并进行相应的反馈输出。

2.4.5 响应式网页设计发展趋势

响应式设计在2019年被提到比较多，但响应式设计仍然在不断变化，不断创新。比如，新的设备不断出来（iPad Mini），这让以前的设计想法土崩瓦解。而各种Web的响应式设计也获得了越来越多的注意，“让人们忘记设备尺寸”的理念将更快地驱动响应式设计，所以Web设计也将迎来更多的响应式设计元素。

2.4.6 浏览器支持

到现在为止，CSS媒体查询是一个强大的工具，而且想知道哪些浏览器支持CSS媒体查询。以下是这方面的好消息和坏消息。

好消息是：大多数现代浏览器（包括智能手机上的浏览器）都支持CSS媒体查询。

坏消息是：最近，来自Redmond的Windows® Internet Explorer® 8浏览器不支持媒体查询。对于大多数专业Web开发人员来说，这意味着需要提供一个解决方案，以便在Internet Explorer中支持媒体查询。

2.4.7 改变浏览器大小

基于“响应式内容”的本质，页面应该在任何合理屏幕大小的设备上看上去都很舒服，从300px×300px的手机到2550px×1600px的显示器。最快、最方便评估响应式功能的方式是大幅改变浏览器的大小，检查显示情况。对于这类测试不需要任何搭建时间，只需要打开网页，点击浏览器的右上角，拖拽到所需的大小。文本是否在你认为应该在的位置？是否仍然可读？图像是否能合理伸缩？文本输入框、日期控件是否仍然可用？它们有没有遮盖掉其他重要的内容？

移动设备使得响应式网页设计变得如此重要。移动设备也给响应性带来了一个新的要求：旋转。这些小型设备会跟着主人去任何地方，这些设备也可以随意旋转，从纵向到横向再转回来。这似乎和改变大小很类似。但实际上设备每次旋转后，网页都需要重新渲染和调整。这种屏幕尺寸的变化都需要设计师在最初就考虑周全并提供解决方案。

2.5 “视觉中心页面”的设计思路

2.5.1 网页的视觉中心

“视觉中心”一词一般出现于视觉艺术类领域中，而且有两种不同的理解。

一种是指平面艺术（如绘画）中的主体，比如达·芬奇的《最后的晚餐》中的主体耶稣。这里的视觉中心的含义是指在画面中以构图、色彩等画面元素所表现出来的画面的主要元素。

另一种是指人的视野在一个平面的中心点，和这个视觉中心相对应的还有一个概念，就是物理中心。通常，人的视觉中心会在物理中心的偏上方。就此，大家可以做一个试验。找一张空白平整的纸，纸上一定不要有任何会影响视线的东西，然后在纸上目测画一条横线，把白纸平均分成上下两半，再画一条竖线，把白纸平均分成左右两半，两条线的交叉点就是人的视觉中心，最后把纸左右上下对折，对折之后得到的纸的中心点会在目测得到的视觉中心偏下方。基于视觉中心的这一特点，在绘画中，很多时候人们会把画面的主要元素放在画面的中心点偏上一些，也就是视觉中心的位置，这一位置通常是人在观赏作品时最先注意到的一个地方。

2.5.2 视觉重心

重心在物理学上是指物体内部各部分所受重力的合力的作用点，对一般物体求重心的常用方法是：用线悬挂物体，平衡时，重心一定在悬挂线或悬挂线的延长线上；然后握悬挂线的另一点，平衡后，重心也必定在新悬挂线或新悬挂线的延长线上，前后两线的交点即物体的重心位置。在平面构图中，任何形体的重心位置都和视觉的安定有紧密的关系。

2.5.3 视觉中心的方向规律

人的视觉安定与绘画的形式美的关系比较复杂，人的视线接触画面，视线常常迅速由左上角到左下角，再通过中心部分至右上角经右下角，然后回到画面最吸引视线的视觉中心停留下来，这个中心点就是视觉的重心。但画面轮廓的变化，图形的聚散，色彩或明暗的分布等都可对视觉重心产生影响。因此，画面重心的处理是平面构图探讨的一个重要方面。在平面广告设计中，一幅广告所要表达的主题或重要的内容信息往往不应偏离视觉重心太远。

在网页视觉的策划中，第一步是将网页中关键的信息安排在页面注目率最高的地方，即页面的最佳视域，以便能够在极短的时间内迅速捕捉到浏览者的目光；第二步是在页面视觉流程的指导下，有条不紊地安排页面的各类信息内容，以达到传递信息的目的，最终形成浏览者对网页的印象存留。

课后习题

1. 什么是网页视觉中心？
2. 制作某高校网站首页，包括学校标志、导航栏、首页新闻、通知等内容。

第2部分

网页视觉设计

第3章 网页设计原则

PPT 课件

本章学习目标

从网页的美学品质、阅读品质、用户、可用性以及运行环境等多角度出发理解网页设计的基本原则与理论。

3.1 网页设计的美学目标

从互联网诞生到今天，网站的美学几番更迭。早期的网页只是一些简单的文字信息加上少量图片，人们上网纯粹是为了寻找信息，网站谈不上美感，也没有很高的要求。现在，从繁复到简约，从拟物、扁平再到2.5d，网页设计的风格变迁令人眼花缭乱。今天的网页设计不仅仅需要从第一眼开始抓住用户的注意力，而且需要深入用户体验，运用各种交互技术，打造出全新的视听刺激和浏览体验。

3.1.1 简约

在这个信息过载的时代，为了迎合用户即时满足的心理，很多网站的设计片面强调感官体验，各种华丽的特效、滤镜以及不必要的动画、弹窗把网页变成了炫技的竞技场，真正的内容却所剩无几。

简约设计则意味着，只为用户提供那些真正具有核心价值的东西，并穷尽一切设计手段凸显这种价值。一个网站设计伊始，从内容策划、信息构架、任务流程、视觉层级等都要精心规划，合理安排入口和分级，建立良好的信息秩序，优化用户行为，让“信息”本身被看见。设计不是捉迷藏，而是在用户和信息之间建立紧密的视觉纽带。

众所周知，中文网站内容的复杂性是普遍存在且被广泛接受的。高密度的网站设计尤其在门户网站和新闻网站中应用广泛，这种设计方式被认为是普遍的、正常的，甚至是一种“惯例”。虽然这种迷宫般复杂、大而全的网站确实可以将用户一网打尽，代价则是所有用户都在抱怨网站的体验很差。

那么，一些时下流行的极简主义风格的网站会给用户带来怎样的感受呢？在最初的惊喜之余，人们发现“单纯从设计来看，这个网站的图标、图片和布局都很好，符合人们，至少是年轻人的爱好。它简单、干净，没有广告，也没有无关的信息。但问题在于：在不提供无关信息的同时它也没有提供有用的信息——人们在这些简单的链接中找不到任何有价值的东西。所有对功能的介绍都只是在玩弄文字游戏，没有真实的内容。”

因此，值得所有设计师们警惕的是，简约设计从来不等于漂亮空洞的设计，它追求的终极目标应该是优美而高效的信息传达。一个真正以用户体验为中心，能够满足用户更高层次的信息需求的网站，才是简约的设计（图3-1）。

3.1.2 创新

设计是艺术的自然延伸，几乎所有现代艺术风格都在网页设计发展过程中留下了痕迹。随着网页技术的不断发展，设计师不断探索在网页上呈现新的视觉风格的可能性，波普、孟菲斯、超现实、蒸汽波、光效应等风格令人目不暇接。枯燥和套路的网站设计不再可行，因为它们不能吸引注意力或让用户想要进一步探索。

然而网站的视觉外观并不只是设计师一时心血来潮的实验作品，更不能一味追求视觉潮流，页面的视觉效果应该是网站整体气质格调的一种体现（图3-2）。

Uber的首页经过信息的整理，只保留了三大入口，乘车、驾驶、下载客户端。这样简约的设计让用户几乎无须思考，上手即用。

图3-1 优步首页

《PIN-UP》是一本捕捉建筑灵感和创意故事的杂志，其线上设计具有强烈的艺术风格，它将每期的封面做成马赛克拼贴，后现代主义的浮夸和不羁态度呼之欲出。

图3-2 PIN-UP magazine官网

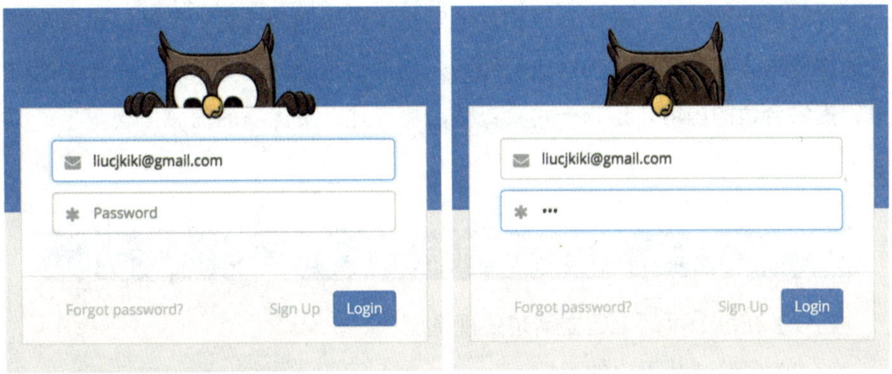

Readme的登录界面：输入邮箱，猫头鹰睁开眼睛；输入密码，猫头鹰立刻遮住自己的眼睛，用“卖萌”的形象化解用户登录时枯燥无趣的负面情绪。

图3-3 Readme的登录页面

除了视觉创新之外，网站真正的创新在于用户体验。因为网站并不仅仅只是好看的页面集合，它更是一系列用户行为的触发点。设计师需要根据网站的设计目标、核心价值、风格定义，以用户为中心，结合场景与需求，创造出全新的使用场景和行为模式。网站的创新设计并不仅仅是一个形式主义的目标，而是对用户完整的信息体验模式的创新。

3.1.3 情感

自20世纪90年代初，唐纳德·诺曼提出“情感化设计”的概念以来，好的设计一定是有温度的设计，这一设计哲学正在得到越来越多的设计师的推崇。法国著名设计师菲利普·斯塔克曾说过“我不关心我的设计看上去是什么，我只关心它们在人们心中引起的情感。”举个例子，假设起床是一个目标，那么普通的设计是在床头放个闹钟，而情感化设计则是让爱人把你吻醒。因此，情感化设计就是通过某些设计手段，让用户产生情绪上的唤醒和认同。如果一个网站能让用户感觉愉悦与快乐，那么用户一定会对这个网站产生更积极、更长久的情感依赖。

调动情感的设计方法，除了悦目的色彩、精美的图片、拟人化的对白，很多情感化设计都体现在极其微小的细节之中，例如，引导页、登录界面、吐槽反馈、客服、刷新加载、404、小游戏、微交互等用细节打动用户，给用户意想不到的惊喜（图3-3）。

3.2 网站的阅读体验

3.2.1 碎片化阅读

不同于传统的纸上阅读，信息时代的阅读具有快速、即时、跳跃、碎片化等特点。人们很难在一个网站上停留很长时间，我们习惯于搜索、提问、快速索取答案。研究表明，仅用0.2s就可以决定一个用户浏览网站的印象。

那么网站设计怎样才能适应这样的阅读方式，吸引用户并尽力长久的留住用户呢？

我们都访问过那种充斥着各种信息、入口的网站，这样的网站虽然内容丰富，易于留住用户，但面对众多入口，经常会使人感到困惑，不知道下一步该做什么。

我们也访问过那些简洁抽象的网站，这样的网站虽然视觉震撼，但由于缺乏优质的内容，常常使人感觉网站徒有其表，空洞无物。

良好的阅读体验，并不在于网站能够提供无限制的选择，而是以用户可以快速理解的方式对页面的内容进行组织，创造出精确的视觉秩序，在合适的时机，提供合适的内容，追求一种更高效、更专注、更优质的信息呈现。

- 设计启示 -

（1）在每个页面上建立清楚的视觉层次。

（2）尽量遵从用户的习惯。

（3）把页面划分成明确定义的区域。

（4）突出显示可以点击的地方。

（5）最大限度降低干扰。

3.2.2 F型快速浏览模式

2006年，NN Group用眼动仪追踪研究了超过200位用户的网页浏览情况，发现人们在浏览不同网页时，视觉移动有明显的规律，从热力图（图3-4）上看，有点像字母F，它有以下三个主要特征：

（1）横向扫描页面上部。

（2）下移一段距离，小范围横向扫描。

（3）沿左侧边缘垂直向下扫描。

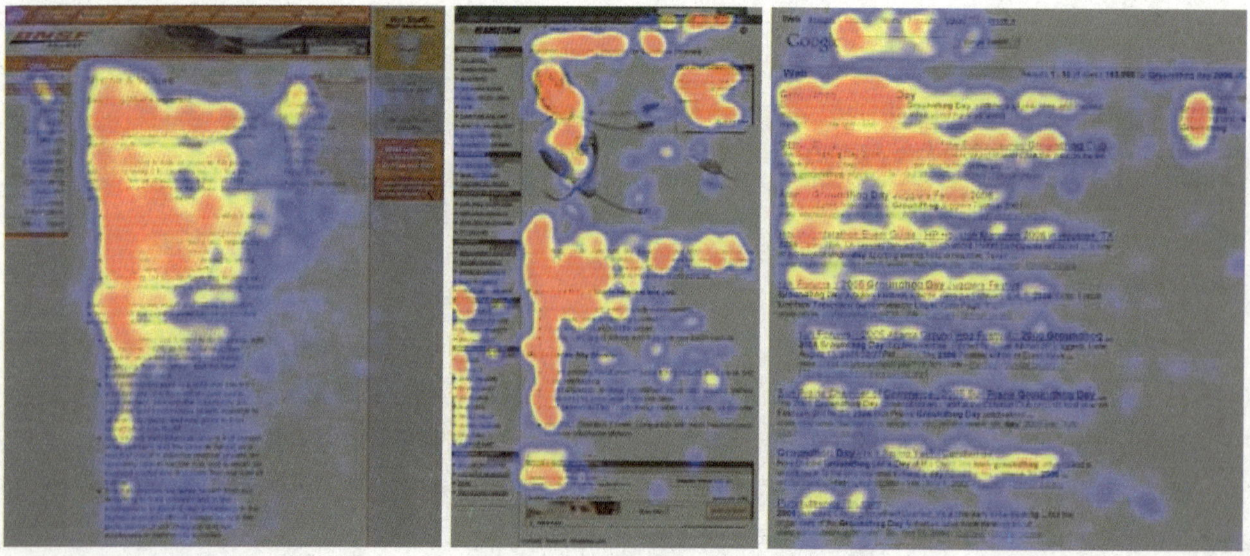

图3-4 网页扫描热力图

上述三张热力图，代表人们浏览三个不同网站的自然扫描模式。其中，用户视线停留时间最长的区域为红色，其次为黄色，视线快速扫描的区域为蓝色，灰色表明该区域基本没有吸引力。

只需短短几秒，用户便会完成页面的浏览。当然，很多时候，我们的浏览行为并非那么严格，热力图有时候看上去更像E而不是F，尤其是当网页上包含了大量的图片、视频、动画等内容时。但总体而言，如果页面文字居多，F型浏览模式确实可以给我们提供一些有益的设计参考。

- 设计启示 -

（1）用户习惯扫视，而不是阅读。我们喜欢在网页上快速扫描，寻找其中能吸引我们注意力的文字或图片。

（2）用户的注意力由兴趣引导。我们浏览网页的视觉轨迹由一系列跳跃的兴趣点构成。多数情况下，用户只对页面中的一小部分内容感兴趣，剩下的内容不看也不关心。

（3）用户的浏览行为遵循简单和直觉的指引。一旦发现想要深入了解的信息，就会点击。如果出现的新页面不符合期望，会点击后退按钮，返回原来的位置，然后继续查找。

（4）用户希望拥有控制权。需要不断确认每个浏览的网页与网站之间的关联。因此，网站内所有的页面都应遵循协调一致的设计样式。

（5）一般情况下，用户的视觉轨迹按照从左至右，从上往下的顺序扫描。浏览一屏网页和阅读一页书的视觉顺序大致是相同的，因此，一些排版设计的基本原则依然适用于网页设计，如：

①左对齐文本更易读。

②从关键词开始新的段落。

③让更重要的元素具有更强的视觉吸引力。

④每个段落只表达一个主题，尽可能使用项目符号、编号，让段落逻辑清晰。

⑤网站标志、名称以及主导航往往放置于页面顶端，那里是视线的起点。

⑥页面的左、右两侧分别是横向视线扫描的起点和终点。在这里，注意力会有短暂的停顿，如果放置辅助导航，会有不错的效果。

3.2.3 视觉疲劳

研究表明，超过两个小时以上持续盯着屏幕，就有患上电脑视力综合征（CVS）的风险。其中的原因，除了屏幕背光、频闪及蓝光的刺激，还有因为专注，很少眨眼而导致的眼睛干涩疲劳。因此，设计师处理网页的色彩和文本时，需要充分考虑视觉的运动规律，尽量提高屏幕阅读的舒适度，让眼睛得到充分的休息。

- 设计启示 -

（1）字号至少14px。

（2）文字颜色和背景色的对比至少大于30%。（推荐一个工具网站https://contrast-ratio.com/，只要把文本和背景两种颜色的16进制代码输入进去，网站便会自动计算出对比数值。）

（3）尽量少用深色背景的反白文字。

（4）合适的字间距与行间距。

（5）适当留白，让眼睛可以停留休息。

（6）减少高亮度、高饱和度、强烈的色彩对比等对眼睛的刺激。

3.3 用户至上

设计网页之前，设计师应首先明确谁是你的用户，这一点至关重要。

在许可的情况下，花一定的时间和你的用户进行沟通一定是很有帮助的。设计师常常会把自己想象成用户，这样的做法确实有帮助，但也有莫大的危险。因为设计师会固执地以为，自己想要的就是用户所想。然而用户之间差别巨大，他们的需求、目标、期望和偏好不同，他们的能力也各不相同。

设计师需要牢记的一点：你不是用户，你也不了解用户。用户在你的网页上如何搜集信息？他们使用哪些关键词搜索？他们的浏览方式如何？没有经过充分的用户研究和测试，这些问题都是未知。保持对用户的必要尊重，是网页设计的前提。

例如，年轻人热爱探索新事物，图形复杂的网站，如果有好的内容，会使年轻人产生强烈的兴趣。他们也许还会好奇地探索所有选项，点击所有按钮。而成年人情况就不一样了，他们更保守，更爱简洁，甚至会更抗拒新事物（图3-5）。

因此，在网站设计之初，就必须充分考虑各类不同的网站使用者——也就是网页设计的目标用户群体，要了解他们的操作习惯、审美，以及他们浏览网页的目的等。同时，还需要划分出主要和次要的目标用户群体，以便为他们量身打造最合理且具有吸引力的网站。

如果要为学校设计一个网站，那么首先便要深入了解网站的用户群：管理者、教师、学生以及外来访问者。这些用户访问的目的各不相同，例如登录教务系统，进入各职能部门，下载表格、提交申请、查询教师、查询专业基本情况等。学校网站的设计目标不仅仅是对外展示学校的形象那么简单，还要能够为师生以及外访者提供可靠而便捷的服务（图3-6）。

图3-5　TESTAHEN设计事务所网站

TESTAHEN网站的访问者包括插画家、艺术家、建筑师和各种视觉创意专业人士。因此，这个网站设计几乎是对用户眼睛的攻击。它现代，令人兴奋，充满活力。

图3-6 江南大学首页

在江南大学的首页导航中，用户需求几乎一目了然。此外，导航还特别列出了考生、师生、校友以及合作者的入口。

3.4 可用性设计原则

可用性是衡量网页设计成败的重要指标。一般而言，网页的可用性包括以下五大属性：有效性、效率、可记忆性、容错性及易学性。有效性，衡量用户完成任务或达成目标时的正确度和完整度；效率，衡量用户完成任务的速度；可记忆性，衡量网站界面及交互是否令人印象深刻，用户是否不易迷失；容错性，是衡量网站防止用户出错以及帮助用户出错之后恢复的能力；易学性，则衡量网站对于初次使用者的学习难度。

可用性设计最知名的研究者当属雅各布·尼尔森，他提出了尼尔森十大可用性设计原则。在此基础上，我们提出以下几个要点。

3.4.1 不要让用户思考

网页应当是易于理解的，它应该结构简明，含义清晰，关键信息一目了然。让用户下意识地知道自己在哪儿，哪里可以点击，以及去哪儿可以获得自己想要的信息，完全无须思考。这一理论最早由斯蒂夫·克鲁格（Steve Krug）在*Don't Make Me Think*一书中提出。

3.4.2 及时反馈

用户在网页上的任何操作，不论是单击、滚动还是敲击键盘，页面都应即时给出反馈。例如，操作成功、完成注册等。

3.4.3 尊重用户使用习惯

研究主流产品的界面设计，理解用户的认知习惯和操作习惯。换句话说，不要轻易挑战用户头脑中的固有认知，尽可能地采用用户熟悉的导航用语，熟悉的图标，熟悉的控件样式等。

3.4.4 系统的一致性

系统一致性并不是一个美学要求，而是一个可用性的要求。它主张网站内的各级页面采用统一的用语、统一的导航形式、统一的图标样式、统一的配色体系、统一的交互逻辑等，让用户在网站内实现无障碍浏览。

3.4.5 测试

测试是成功提高网站可用性的唯一途径。虽然设计师都会尽力站在用户的角度去思考，但我们设想中的用户永远更加理性、条理且注意力集中。而用户的实际操作比我们设想得要无序和简单得多，用户不那么熟悉任务流程，也不会严格按照设计人员的设定去操作。只有测试可以帮助设计师理解真实的用户。

3.5 运行环境对网页设计的影响

网页设计一定要充分考虑用户的软硬件配置。用户的电脑配置参差不齐，可能会存在显示分辨率不同、浏览器版本高低等问题，那么网页的显示效果也会完全不同。所以设计师应该懂一点网页的显示技术，并且和前端程序保持密切的沟通，才能使大多数用户可以比较正常的浏览网页。

3.5.1 网页的运行机制

网站的资源和文件存储在一个类似电脑的东西里，那就是服务器。我们通过域名来调取其中不同的页面和文件，如果服务器关机了，那么网站也就瘫痪了。

当我们通过浏览器访问网站时，输入一个网址，这时这个域名会转向一个IP地址，这个IP地址就是服务器所在的门牌号码。找到之后，浏览器会从服务器上下载网站的代码并把代码翻译成我们能看懂的界面，如，文字、边框、表格等实际上都是代码的形式，还会把网站中所需要的图片、视频等单独下载到缓存里。

当我们通过表单输入用户名和密码时，我们的信息就会上传到服务器，服务器处理完（比如登录成功这个信息），再下发给浏览器，显示反馈结果。所以平时访问网站时，我们的电脑和浏览器需要通过互联网与服务器进行多次“握手”。不停地“握手”显然会造成加载速度变慢，于是聪明的浏览器会把已经下载过的资源缓存下来，避免浪费。这个机制就叫“cookies”。浏览器会自动存储访问过的网址、网站图片、视频、表单信息等，加快网页加载速度。这就是网页显示运行的基本原理。

这些网页的设计，具体说来，便是将Ps、Ai、Sketch等图像软件制作的素材通过HTML（超文本标记语言）组合而成。HTML可以将文本与链接结合起来，而且可以在文本中插入图像、视频、声音等文件。但是只有HTML的网页效果非常粗糙，不便于浏览，如果学会CSS（层叠样式表）或者Javascript语言，就能给网页增加各种版式和动态效果，做出令人满意的网页效果了。

3.5.2 为主流分辨率而设计

设计师们经常会遇到这样的情况：设计稿非常完美，交付给前端实现之后，放到浏览器中就会出现比例失调等情况。这是因为每个网站都有一个最佳浏览分辨率。显示设备不同，网站的显示效果会大相径庭。

网页尺寸与用户屏幕相关，而用户屏幕的种类难以统计。所以我们的设计稿只能顾及主流用户的分辨率，其他分辨率用适配的方式来解决。

例如，Photoshop网站的Web预设尺寸有以下几种：普通尺寸（1366px×768px）、大屏尺寸（1920px×1080px）、最小尺寸（1024px×768px）、Macbook Pro13（2560px×1600px）、MacBook Pro15（2880px×1800px）、iMac 27（2560px×1440px）等。这些方案几乎考虑到了各种设备的分辨率，但如果我们只做一套设计的话，网页尺寸应按照主流的分辨率1920px×1080px来设计。

2012年，苹果发布了Retina Macbook Pro，从此Retina屏幕的电脑占有量越来越高。Retina屏幕简单地说就是屏幕密度是传统屏幕的两倍，拥有更高的清晰度，甚至可以满足视网膜最高的识别度，所以也叫视网膜屏幕。

因为Retina屏幕上的一个点等于过去的两个像素，这种屏幕下，首先我们需要以视网膜屏幕大小完成设计稿，建议是传统设计稿的两倍。之后输出两套切图，普通的切图命名为“logo.jpg”，Retina切图命名为“logo@2x.jpg”。前端用代码来识别，如果屏幕是Retina，就加载双倍尺寸，不是则加载普通尺寸。

由于网页是由浏览器调用打开呈现在用户面前的，主流的浏览器除了IE之外，还有Google Chrome、Firefox、Safari等，这些浏览器的编码解析和插件功能各不相同。为了让网页在不同设备的浏览器中都能正确显示，设计之前，一定要充分了解各类浏览器编码和插件功能上的细微变化。

3.5.3 首屏为王

网页最终是在各种各样的屏幕终端上显示的，无论设计师设计再多屏的东西，用户也只能一屏接一屏的浏览。首屏是指在不滚动Web网页屏幕的情况下，就能被我们看到的画面。网站的首屏好比书籍的封面，任何时候打开网站，第一眼看到的就是首屏的内容，因此，首屏的设计会给用户留下强烈的第一印象。

即使我们可以轻松的滚动鼠标到第二屏，研究显示，第一屏的跳出率也远高于我们的想象。尼尔森甚至认为首屏以上的关注度为80.3%，首屏以下的关注度仅有19.7%。用户没有我们想象的那么有耐心，许多用户只需一眼就可以判断自己对网站有没有兴趣，如果不感兴趣，便果断离开。

如果我们为1920px×1080px的主流屏幕设计网页，网页每屏的高度约为900px。这是因为1080px的屏幕高度减去浏览器头部和底部高度，大约是900px，以这个尺寸来设计相对标准。当然，在设计网页前，设计师需要和前端充分沟通，关于设计尺寸以及适配的方式，前端显然更有发言权。

3.5.4 响应式网页设计

越来越多的用户拥有不只一台终端：台式机、笔记本、平板电脑、手机、手表应有尽有。这些屏幕的大小、比例各不相同，网站可能会在完全不同的终端上打开，如何确保它们具有比较一致的设计风格呢？

设计师Ethan Marcotte在2010年提出响应式设计的概念时说：响应式网站设计提供了一种全新的选择，这种基于栅格布局和CSS3的流动性网页设计，可以让网页随着屏幕变化而响应。这是一种更为统一、更加全面的设计技巧，一种打破网页固有形态和限制的灵活设计方法。

无论用户使用笔记本还是iPad，网站都可以兼容，图片尺寸可以自动调整，且页面布局不会被破坏（图3-7、图3-8）。

图3-7 响应式布局示例

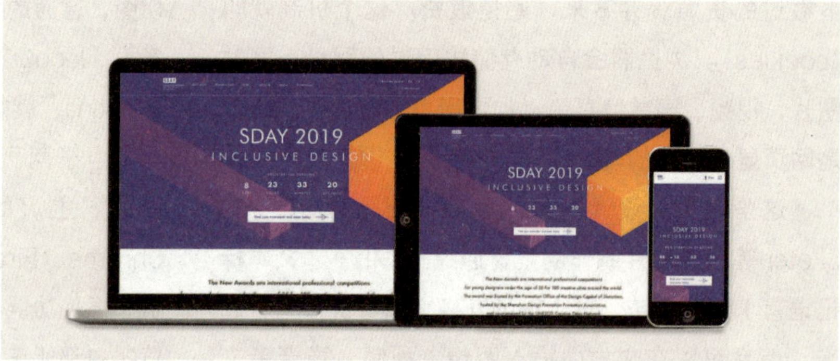

图3-8 响应式布局能够使不同尺寸、比例的屏幕呈现出相对一致的网站风格

课后习题

1. 如何站在用户的角度理解网页设计的情感原则？尝试举例说明。
2. 不同的用户需求，是怎样影响网页设计的整体风格的？
3. 可用性设计原则中，要求设计者应该尊重用户的使用习惯，那么有没有什么例外的情形，设计师可以尝试着去引导用户，建立新的行为习惯？
4. 响应式设计的优点是什么？

第4章

网页布局与导航

PPT 课件

本章学习目标

理解网站的信息结构与页面结构的密切关联。掌握建立网站信息结构的基本方法，学习一些基本的布局和导航样式，并能够综合运用各种不同风格的布局与导航设计，将用户需求的信息高效、有序地呈现在页面上。

网站按照访问对象来划分可以分为To C端和To B端两种。

To C端指的是面向用户和消费者级别的产品，例如，门户网站、新闻网站、企业网站、电商网站、游戏网站、视频网站、个人网站（图4-1）等，这些网站，直接面对用户，因此，网站的设计至关重要。

To B端是另外一种需求很大的类别，却经常被设计师忽视。例如，供应商后台、淘宝卖家后台、客户管理系统、企业级办公管理系统等。这些网站直接面对商家或专业人士，而且作为日常管理、营销必备的后台网站，操作者每天都要登录使用。对这样的网站而言，重要的是效率而不是体验，只要保证操作者可以高效地完成手头的工作，且不易出错就行。这两类网站，设计的目标大相径庭，信息架构也不相同，所

图4-1 Esteban Munoz的个人网站

Esteban Munoz的个人网站，运用了大量唯美的插画元素。随着鼠标的移动，一部分插画也会随之移动，给用户以新颖的体验。

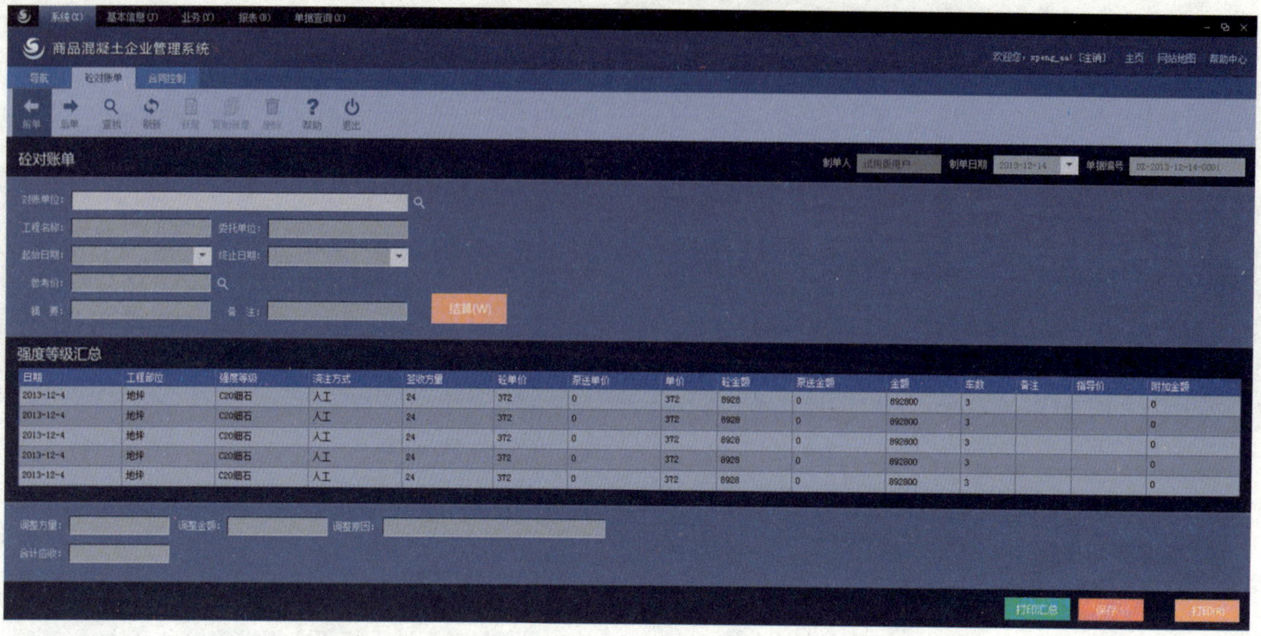

图4-2 混凝土企业管理系统

后台管理系统面向企业内部员工，主要进行订单录入、查询、结算等，用户可以汇总实时数据，管理发表内容等。界面设计非常理性，功能繁多。

以它们的视觉表现也完全不同（图4-2）。

无论哪一类网站，它都是由一系列网页通过超链接连接而成的一个信息产品，每个网页包含着不同的信息栏目和功能模块。这些网页可以被具体划分为首页、列表页、详情页等，导航系统可以清晰揭示这些页面之间的关系。这样的网站结构到底是怎样设计出来的呢？下面，让我们一起来了解一下网站的信息架构吧。

4.1 网站的信息结构

信息架构的概念大约始于20世纪70年代，远远早于互联网的兴起以及用户体验设计的普及。它的起源得益于众多的学科领域，包括图书馆学、认知心理学甚至建筑学。

网站的信息架构通过对信息进行组织分类、统筹规划，帮助用户更好的检索信息和浏览信息（图4-3）。

信息的结构通常包含四大部分：组织系统、标签系统、导航系统和搜索系统。组织系统决定信息之间的关系分类；标签系统应提供一个易于理解的、友好的概念体系；导航系统提供可以到达任何页面的有意义的路径；搜索系统则为关键词或核心信息提供快捷查找的方式。

信息架构的终极目标直接指向用户体验，因此，一个良好的信息架构必须随时考虑如下问题：

（1）用户是怎样浏览我们的网站的？

（2）用户怎样分类他们感兴趣的信息？

（3）用户是怎样识别网页中这些信息的？

（4）这些信息是否对用户有用，并能够激发他们进一步探索的欲望？

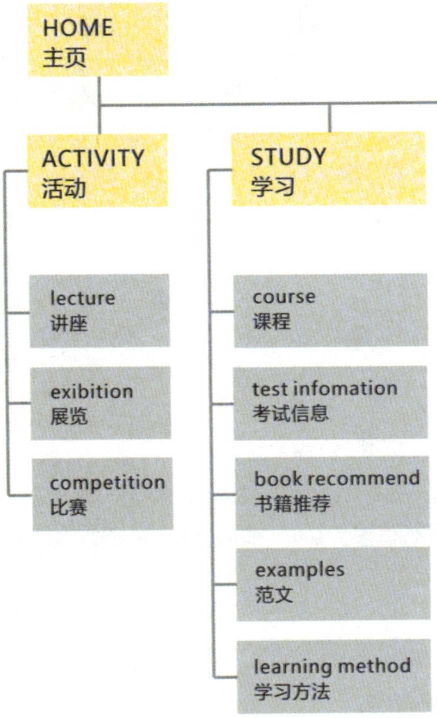

图4-3 某艺术学院的网站信息架构

整个网站的信息被分为活动、学习、论坛和新闻四大板块。网站结构一目了然。

4.1.1 组织系统

所谓组织系统，是对网站内容进行逻辑分组，建立网站的信息框架，也可以视为网站的信息目录。信息分类的核心知识点为分类的依据以及分类的方法。

4.1.1.1 分类依据

当我们知道自己要找什么信息时，常用的分类依据有三种：地理位置、时间、字母顺序，这种信息组织方式称为精确性组织体系。例如，按字母排序是百科全书和辞典最主要的信息组织方法，电话本、书店、图书馆也都是按字母顺序组织内容的例子；按日期组织的信息材料，如日记、归档材料等；地点也是信息的重要特征，围绕着地理位置，各种社会、经济、政治、气候等议题均可展开。

还有一种模糊性分类，主要根据主题、用户、任务、隐喻等组织信息。这种分类依据是建立在“有时候我们不一定知道自己要找什么”之上的，这时，用户的信息需求相当模糊，而且无法说清楚。因此，一开始我们浏览的内容可能会极大地影响后续的搜索方向，这种信息搜索过程就像联想式学习一样，无法准确预测，但会得到意想不到的结果。所以有时候模糊性分类对于用户体验更加重要。

（1）按主题。以主题或主旨组织信息，是最有用且最具挑战的信息组织形式之一。大部分网站都提供某种按照主题获取内容的途径。设计主题式信息体系的时候，需要定义内容的范围，也就是用户来到网站，希望在网站找到什么。

（2）按任务。任务导向的信息体系会把内容组织成任务流、工作流的集合，以用户的交互为中心，将应用服务和内容整合起来，电子商务类网站常见。

（3）按用户。如果网站可以界定出两组以上的典型用户，采用这种方法可以最大化满足不同用户的个性化需求。以用户为主的体系可以开放，也可以封闭，开放与封闭主要指一组用户是否可以访问另一组用户的内容。

（4）按隐喻。运用隐喻，把抽象的功能用具体化的东西表现出来。例如，收藏夹、回收站、购物车等。为了避免理解的困难，首先应该尽量选择用户熟悉的隐喻。

4.1.1.2 分类方法

信息的组织方法通常有以下几种：

（1）由总到分，自上而下。从产品的战略目标

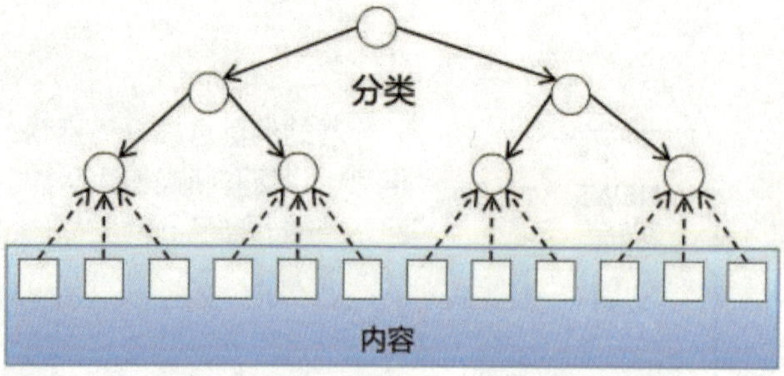

图4-4　由总到分的分类体系

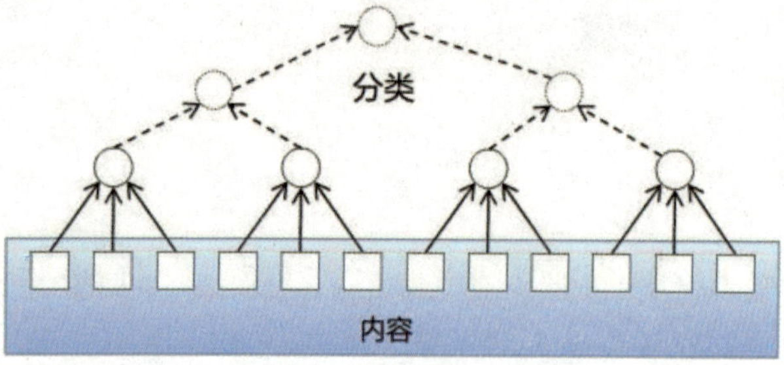

图4-5　自下而上的信息归类方式

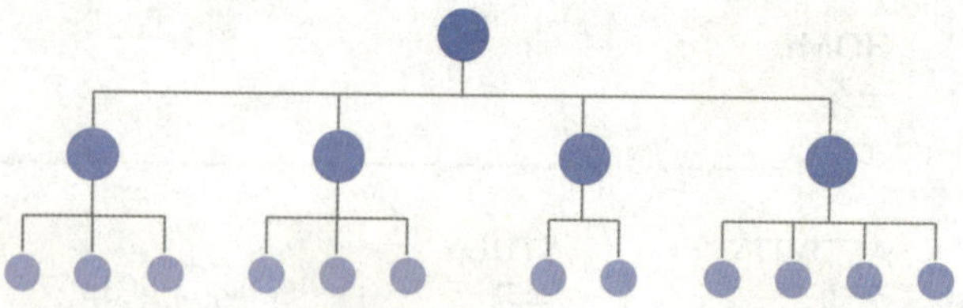

图4-6　信息的层级结构

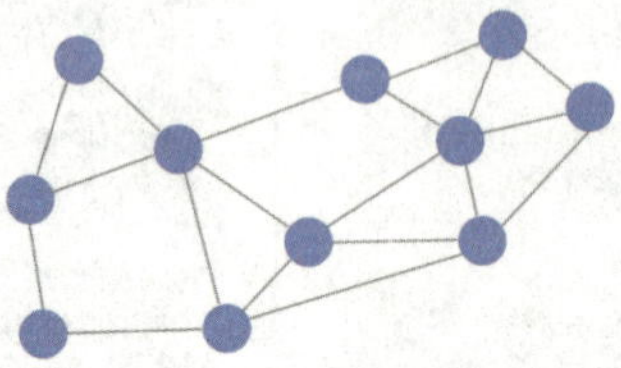

图4-7　信息的自然结构

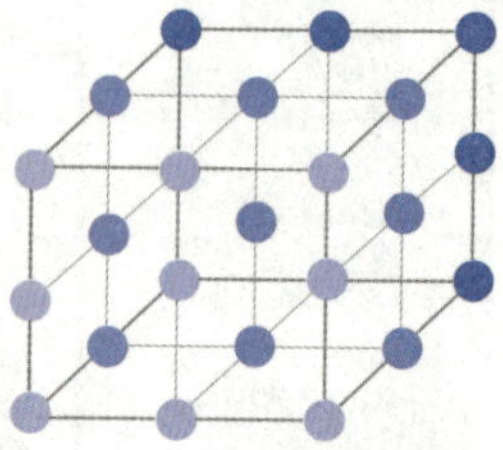

图4-8　信息的矩阵结构

图4-9　信息的线性结构

出发，将最能满足目标的内容和功能按照一定的逻辑逐层细分。这样的分类方法，让产品更高效清晰（图4-4）。

自上而下的分类体系需要特别注意不同分支间的排他性。如果不同分支间没有明显的差异，那么等级式的分类就没有意义了，还要注意信息深度和广度的平衡。

（2）自下而上，逐层归纳。这种归类一般基于用户的具体信息需求，是更友好的信息组织形式（图4-5）。

（3）超链接。文字、数据、图像、视频及音频数据均可以建立超链接。超链接能够以非线性的方式，在非同类或非同级信息元素之间快速建立关联，让信息结构更加灵活，其弊端则是可能导致网站结构过于复杂化，让用户迷惑。

4.1.1.3　信息分类的结果

（1）层级结构。层级结构是最常见的信息结构，几乎所有产品的主结构都是层级结构。它可以被视为一种父子级关系，一个父级可以有几个子级，子级再有自己的子级，直到包含所有信息（图4-6）。

（2）自然结构。由于有了超链接的存在，不同层级、不同类别的信息单元可以互相跳转，因此，自然结构没有太强的分类概念。自然结构不适合作为网站的主结构，因为对于一个任务导向型的用户，如果信息只能通过随机探索得到，其用户体验几乎是不可忍受的。所以自然结构多作为辅助结构出现，增加用户在网站探索的乐趣（图4-7）。

（3）矩阵结构。矩阵结构同样来自于超链接，但它的链接更有规律性。适合用户采用多维路径去查找同一内容（图4-8）。

（4）线性结构。线性结构就是按照完成任务的步骤，一步一步顺序组织的页面信息。大部分的H5就是典型的线性结构（图4-9）。

4.1.2　标签系统

确定了网页的组织结构后，这些结构里的每个节点该如何命名？又如何按照用户容易接受的方式去命名？这就是接下来标签系统要解决的问题。常见的标签包括文字标签和图标标签，其中文字标签最普遍，通常分为以下几种形式：情境式链接、各级标题、导航系统选项、索引词。

随着互联网的日益成熟，许多标签已成惯例，例如，首页、搜索、登录、注册、关于我们等，这些已成为用户心理模型的一部分，因此，按照惯例命名是标签系统的首要原则。

无论多么专业的系统，尝试使用更多用户可以理解的语言，会大大提升网站的用户体验，这就需要充分考虑网站的用户和使用场景。例如12306推出的候补车票，就曾让许多人摸不着头脑，大家只能求助于百度，去搜索“候补”到底是什么意思。

此外，整个网站的标签需要保持一致性，无论语法还是风格。标签使用的语气与语调都非常重要，它们决定了品牌与用户进行沟通的方式，是正式还是休闲，是专业精准还是亲切和蔼。

4.1.3 导航系统

从最早森林里的面包屑、航海的罗盘、旅行者手中的地图，到现在的路牌、GPS等，人类一直致力于创造更好的导航方式，网站的导航也是如此。导航系统是将已命名的标签以醒目的方式呈现在页面上，用户根据导航提供的线索在网站的信息中自由穿行。

网站的导航系统可以分为全局导航、区域导航和情境式导航。全局导航一般常驻在界面中，占据页面的显要位置，而且每个页面均会展现。无论用户在网站的哪个层级，都可以直接进入网站中最重要的内容页面和功能页面，所以在设计上会以用户密集频繁的访问内容为中心。区域导航一般位于内容区域的左侧或右侧，情景导航大部分以超链接的方式存在。另外还有一些辅助性的导航，如面包屑导航、网站地图/目录、网站索引、网站指南等。

网站的导航系统应该以明确且一致的风格展现信息的等级结构，全局导航、局部导航和辅助性导航应该相辅相成，共同构成一套完整的系统。导航的设计策略可以采用文字导航，也可以采用图标甚至图片导航。滚动页面中分页符的使用也是导航的一种。

任何时候，导航系统都应该让用户清楚地知道自己现在哪里，已经浏览过的标签一定要用色彩提示用户，切忌让用户重复浏览。

4.1.4 搜索系统

搜索系统为用户提供一种直达目标的路径。很多时候，用户的时间有限，不想浏览网站的结构，因此，搜索图标或搜索框应该出现在用户所有可能需要的地方。

通过点击页面上的搜索图标或搜索框，用户可以直接发送查询请求，用搜索引擎查询全站内容，并迅速得到反馈结果。

4.2 网页的布局

所谓布局，是指将页面中出现的各类信息要素通过合理、有效、统一的规则进行排版，形成网页的视觉结构。

这个阶段可以直接手绘出纸面原型，也可以使用原型设计软件Axure等制作出从线框图到低保真原型的产出物。原型是一种高效的设计沟通工具。如果沟通顺畅，设计师便可以开始制作视觉稿——根据原型图确定的内容和大致版式用Photoshop完成网站的界面设计。

网站通常由一系列相互关联的页面构成，如首页、列表页、详情页、登录页面等。这些页面按照逻辑，又可以分为一级页面、二级页面、三级页面等。每级页面承载着不同的功能和信息，常规的布局样式也不尽相同，其中首页的布局最具代表性。

4.2.1 首页

访问网站时，我们第一眼看到的就是网站首页，首页别名叫作Index或Default，是索引和目录的意思。传统的首页是网站信息的索引集合，现代首页更承载了品牌形象展示的重要功能，首页的布局层出不穷（图4-10）。

最基础的首页原型图：作为网站内容的总索引，典型的首页布局一般由头部（header）、头图（banner）、内容区域、底部（footer）四大部分组成。头部的内容主要包括：网站logo，全局导航、搜索导航等；大幅的banner广告一般做成幻灯形式，滚动轮播；内容区域首先包含了一系列的便捷入口或推广入口，然后是频道或栏目分类列表等；出现在底部的信息主要有：版权声明、联系方式、友情链接、网络备案等。

作为网站核心内容的展示区，内容区域竞争激烈。哪些栏目或频道能够在首页上获得展示，几乎直接事关它们的成败。为了在首页容纳尽可能多的内容，垂直瀑布流布局盛极一时，大受欢迎，首页几乎成了一个无限滚动的容器。而当永无止境的内容让用户很快感到疲惫时，分页卷土重来。

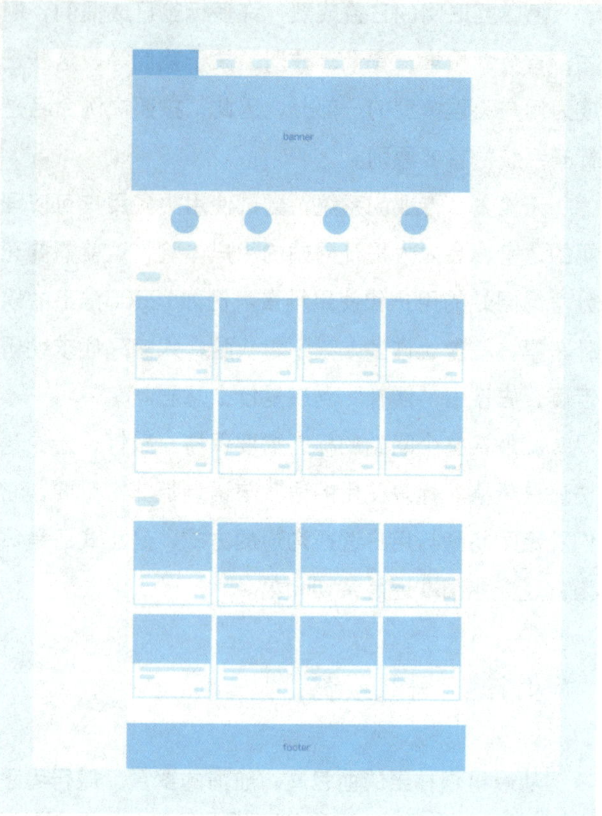

图4-10 首页原型图

4.2.2 二级页面

在逻辑上，首页是一级页面，从首页点击进入的页面均为二级页面，二级页面之后还有三级页面等。从点击的概率上来说，网页的层级越深，越不容易被用户找到，访问量越小。因此，一般网站的页面层级会尽量控制在三级页面之内，就是为了避免用户迷失。为此还会在页面中加入面包屑导航，面包屑导航是在页面出现的类似于“首页>体育>NBA频道”的超链接结构，方便用户理解自己的浏览路径，而且点击就可以返回上一级页面。

图4-11 二级页面原型图

基础的二级页面原型图：为了呈现更多维的信息结构，除了网页头部的全局导航之外，左侧的目录导航提供了更清晰、更精细的信息结构。相比传统的顶部导航栏，侧边栏导航会让页面显得更加整齐易用，在固定的页面框架内，迅速切换不同的内容。这种稳定的结构常常让人产生一种可信赖感，不少网站的后台操作界面均采用这样的结构。这种上左右结构也俗称为T型布局（图4-11）。

4.2.3 详情页面

展示用户最终希望看到的详细信息的页面，被称为详情页。详情页面可能会有更多评论、点赞、分享等互动环节，而且还有相关信息页面的推荐，引导用户延伸阅读。

详情页面原型图：利用固定不变的侧边栏，详情页面可以提供更丰富的关联信息，方便用户延伸阅读（图4-12）。

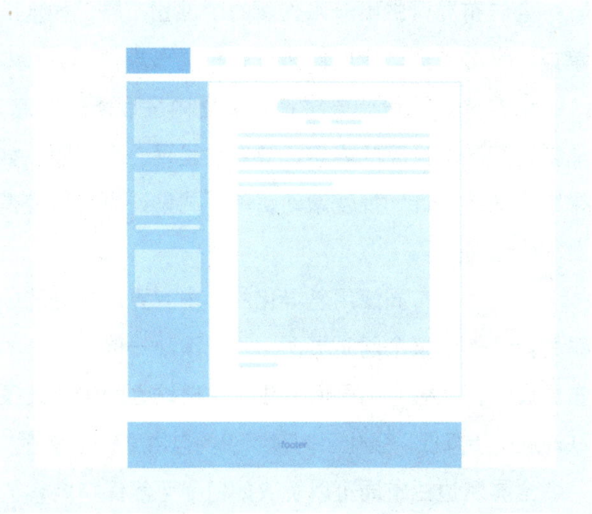

图4-12 详情页面原型图

4.2.4 布局的新趋势

网页设计和传统的视觉设计不同，虽然视觉稿可以天马行空，但最终还是要靠布局技术去实现，所以网页最终呈现的效果和数字技术的发展密切相关。这也许正是网页设计的迷人之处，随着初代Table布局被逐渐淘汰，二代div+CSS布局技术登堂入室，Flexbox以及CSS Grid等数字技术的演进，使视觉设计师拥有了更大的发挥空间，布局设计更具弹性，用户体验更加震撼流畅，许多网页的设计堪称感官飨宴。

4.2.4.1 全屏布局

全屏布局是近年来网页设计中一股势不可挡的潮流，即以一张高清大图做开屏封面，创造出强烈的第一印象，因此又被称为影院效果、杂志效果、POP布局等。为了保证图片的视觉效果最大化，全屏大图以外，很多页面不再有独立的导航区域或其他元素，所有的前景元素都位于图片的绝对统治之下，甚至有时，导航都被隐入一个小小的汉堡图标里。

这种网页设计风格加上干净合理的页面布局，能够给人高格调的感觉，但其可承载的内容较少，比较适合创意类网站或个人网站等（图4-13）。

图4-13 Rovsing教育网站首页

这个网站使用高清晰度的图片，配合导航，带来令人印象深刻的网页体验。

全屏布局衍生出一系列新的个性化布局，如全屏单页、全屏多页、全屏侧边栏等布局形式。

全屏单页式设计尝试在一页之内呈现所有信息，非常适宜展现极简的内容，或专注呈现一个主题。如果结合动效设计和视差滚动，单页式设计也可以变得更加生动有趣。

全屏多页布局使用差异化的、内容更加独立的一系列模块构成整个网站页面，每次滚动一屏。这样的布局设计，从概念的层面上让网站模块之间的设计关联性进一步降低，强化了内容组织的自由度和包容性。

全屏侧边栏布局可以解决如何尽可能保持内容的全屏展现，但又让全局导航始终引领的问题。通常，导航位于侧边栏，保持静止并始终可见，页面其余部分随着页面滚动而更改。

4.2.4.2 分层布局

分层布局源于Material Design风格的倡导，是目前风靡的极简主义设计的一种。极简的页面中几个并列的内容层，突出了视觉焦点，也丰富了页面要素的层次感（图4-14）。分层布局旨在通过更简约的设计让用户更专注于内容，最大限度排除了页面中任何可能分散用户注意力的元素。

4.2.4.3 F型布局

F型布局遵循网页的F型浏览模式，重要信息一律靠左显示，左对齐，是比较传统的网页布局（图4-15）。

4.2.4.4 动态布局

动效在当代网页设计领域中举足轻重。SVG、CSS创造的动态效果大幅增加，滚动视差（Parallax Scrolling）也越来越华丽（图4-16、图4-17）。

4.2.4.5 分屏布局

分屏布局可以同时展示两个同等重要的内容。设计师将两种信息并列展示，创造出更丰富的互动可能性，以吸引用户的目光（图4-18）。

图4-14 分层水平滚动的网站设计

图4-15 MICAI私人健康管理网站

图4-16 创意公司网站

这是总部位于巴黎的一家图形创意公司的网站。首页画面中一个男人拿着枪，你的光标指向哪里，枪口就对准哪里，非常有趣。

图4-17 arche68建筑网站

这是一个令人震惊的动态网站。首页把导航和动画完美地结合在一起，鼠标停留的地方，响应的选项会变成橙色。

这是一个心理学网站，漂亮的分屏设计，180°的旋转互动，充分彰显了网站的探索性和独到的美学品位。

图4-18　RenateRechner网站

4.3　网页布局方法

4.3.1　草图与原型图

布局的第一个阶段是构思，这个阶段设计师开始思考怎样用视觉元素表现网站的信息架构，搭建页面的结构，确立网站的视觉风格。草图可以帮助我们迅速记录自己的想法，方便携带，简单易懂，且更有创造力，可随意修改（图4-19）。

创意构思阶段完成之后，便会进入设计的布局和调整阶段。在草图的基础上，设计师常常会画一个较为正式的线框图，包括各种组件，这称为纸面原型。例如，带热搜和推荐标签的搜索框、banner轮播图、图标组件、分栏设置的图文卡片等。线框图也可以用原型设计软件快速上手完成。这些线框图便于短时间内验证设计的可行性，方便与项目团队及其他人员进行交流讨论（图4-20）。

相比视觉稿，草图或线框图允许忽视美感，更加

图4-19　手绘网页的概念草图

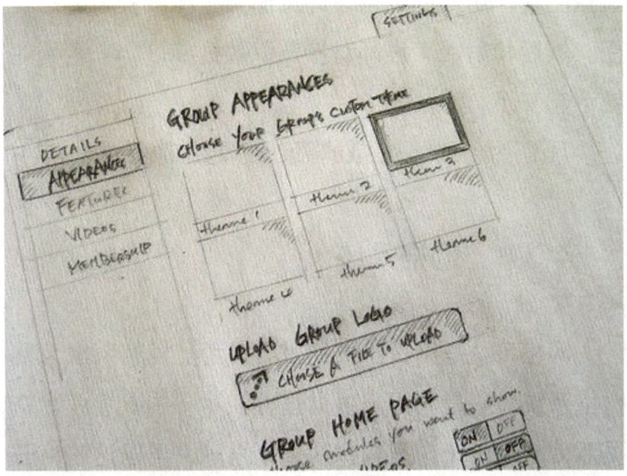

图4-20　手绘线框图（纸面原型）

注重功能和信息的呈现。如果我们对线框图增加更多细节，生成的原型称为低保真原型。原型图阶段设计师需要和团队成员及产品经理反复沟通需求，修改设计，直至方案确定。

如图4-21所示，这是一个用原型设计软件绘制的通用的详情页，布局和大多数主流购物类网站类似。

图4-21　网页的低保真原型

4.3.2　视觉稿

视觉稿（mockup）又称高保真效果图，它是在草图、线框图以及原型的基础上发展起来的。在视觉稿阶段，需要根据原型图的框架，用Photoshop、Sketch等绘图软件完成界面设计。在开始一个新页面的设计之前，可以参考同类型的网站，找一些灵感。风格方面，准确把握客户的喜好至关重要，这时，可以搜集一些与主题相关的资料和素材，设计一张情绪版（Mood Board）图稿，帮助设计者把握网站的大体感觉。这个阶段，可能会用到需求方提供的主题素材、Logo、主视觉PSD，还会加入配色、搭配字体等。视觉稿的细节应该是高度还原的（图4-22）。

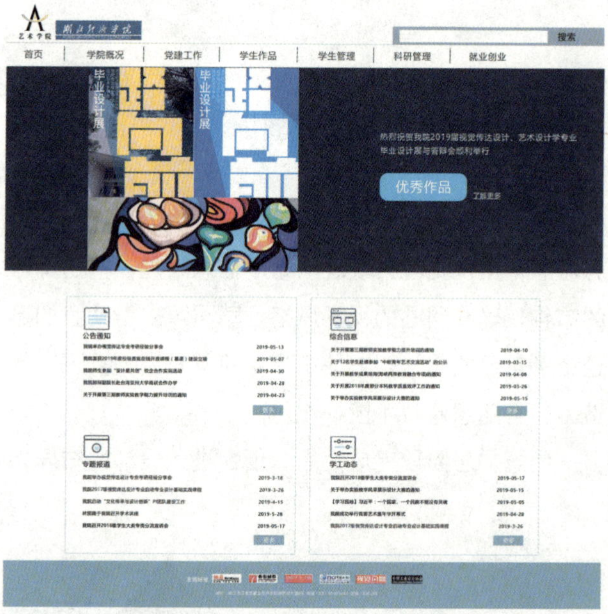

图4-22　网页的高保真视觉稿

4.3.3　切图

一旦视觉稿通过，需要对页面PSD进行切图处理。一般可使用Cutterman、Zeplin等切图插件为前端工程师切出网站所使用的图片。前端工程师会利用这些图片，用代码重构设计页面，把图纸变为静态页面。然后和后端工程师对接调取数据接口，一个网站就活起来了。

凡是不能用代码生成的部分都需要切图（图4-23）。

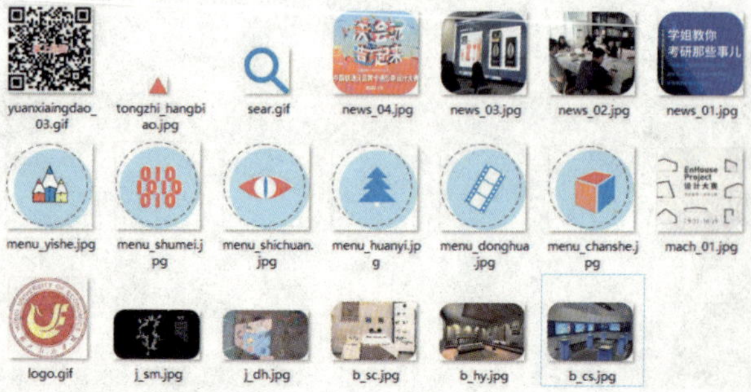

图4-23　视觉稿的切图

4.3.4　网格系统

网格系统是网页布局的重要参考。网格系统又称栅格系统。它是利用一系列垂直和水平的参考线，将页面分割成若干个有规律的列或格子，再以这些格子为基准，控制页面元素之间的对齐和比例关系，从而

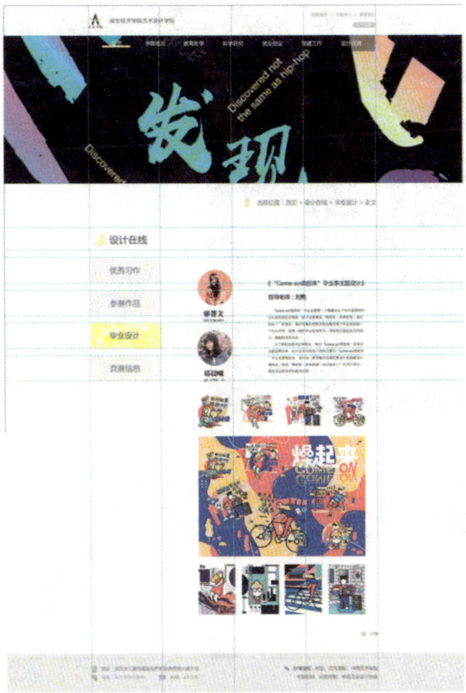

图4-24　艺术设计学院首页网格布局

图4-25　打破网格的设计

搭建一个具有高度秩序性的页面布局（图4-24）。

网格系统最开始在平面设计中广泛应用，引入到网页设计之后，出现了很多CSS网格框架，几乎成了网页设计的标准。利用网格系统可以帮助设计师更好地驾驭内容，让页面布局规范有序、节奏统一，细节处理上更加高效。这也是响应式网页表现的方法之一。

网格系统绝不意味着循规蹈矩，一味遵照格线进行设计。它的意义在于更灵活地帮助设计师设计出有序的布局（图4-25）。

4.3.4.1　网格系统的基本概念

完整的网格系统由内容区域宽度、栏宽、间距、列宽构成。

页面的内容区域宽度，由设计师自己设定。总的原则是，页面的内容区域宽度应该小于等于网页安全显示的宽度。那么什么是网页设计的安全宽度呢?

如图4-26所示，这是优设网站在Safari浏览器中打开的情况。屏幕分辨率为1920px×1080px，图中红框部分就是网页有效可视区域。

这个有效可视区域，不同的显示分辨率，不同的浏览器，会有变化，具体变化如表4-1所示。

目前800px×600px的分辨率已经不用考虑，主流分辨率从1920px，1440px，1366px到1280px，还有最普及的1024px×768px，如果浏览器选择IE为参考，那么在设计网页宽度的时候，最保守的考虑为1003px。也就是说，在1024px×768px的分辨率下，1003px就是网页显示的安全宽度。

随着越来越多的1280px×1024px或者更高分辨率的宽屏逐渐占据市场，网页的有效可视区域可照此推算，如果仍然以IE为基准，1280px分辨率的有

图4-26　优设网站

表4-1　　网页的有效可视区域　　单位：px

浏览器	1		2		3	
	800	600	1024	768	1280	1024
IE6.0	779（+21）	432（+168）	1003（+21）	600（+168）	1259（+21）	856（+168）
IE7.0	779（+21）	452（+148）	1003（+21）	620（+148）	1259（+21）	876（+148）
Firefox2.0	783（+17）	417（+183）	1007（+17）	585（+183）	1263（+17）	841（+183）
Opera9.0	781（+19）	461（+139）	1005（+19）	629（+139）	1261（+19）	885（+139）

效显示区域就是1259px。然而保险起见，我们把1200px以内的宽度称为网页的安全区域。

在网页设计中，我们把宽度为“W”的页面分割成n个网格单元“a”，每个单元与单元之间的间隙设为“i”,此时我们把“$a+i$”定义为“A”。它们之间的关系如下：

$A=a+i$

$W=A\times n-i$

这就是栅格系统（图4-27）。

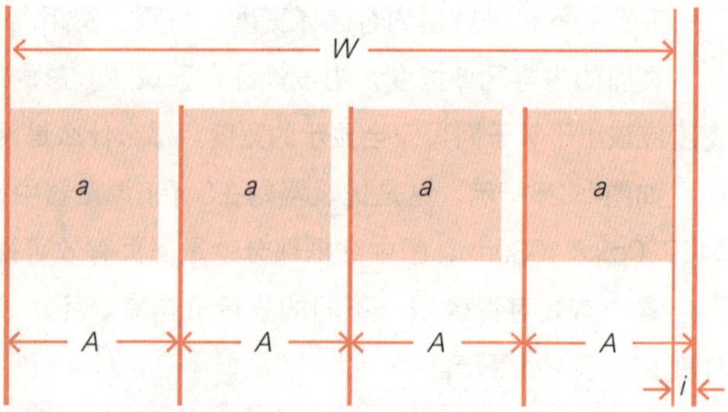

图4-27　栅格系统的定义

栅格系统的参数应该根据项目的实际情况，尽量建立10的倍数或8的倍数。网页端常用A=100px的栅格，也就是$a+i$等于100px的常见组合（90+10、80+20、70+30、85+15）单位：px。

4.3.4.2　网格系统的设置

网格系统到底怎样设置呢？

（1）确定内容的总宽度W（常用1180px、1190px、1200px、1400px）。

（2）确定等分的数目n（如果你的网页结构相对简单，则n=12即可，如果网页结构比较复杂或具有排版的不确定性，则用n=24）（图4-28）。

（3）确定间距i（常用6px、8px、10px、15px、20px）（图4-29）。

（4）根据公式计算出列宽a。也可以反其道而行之，设定a和i之后，根据n的大小计算内容的总宽度W。一个栅格系统就生成了。下面我们对最常用的两种栅格系统分别加以阐述。

1）12栅格体系（12列布局）。如前所述，设置栅格系统的时候，首先要分析设计的复杂度，如果版式仅仅是4等分、3等分的话，12列的栅格系统就可以满足需求。如果有更多不等分的可能，则建议采用24列的栅格系统（图4-30）。

下面举例说明以1920px×1280px的大小为画布，对宽度为1180px的区域进行12栅格的划分（图4-31）。

页面宽度：1920px；

W（可视区域或内容区域）1200px以内；

列数：12；

列宽：80px；

列间距：20px；

两侧边距：370px。

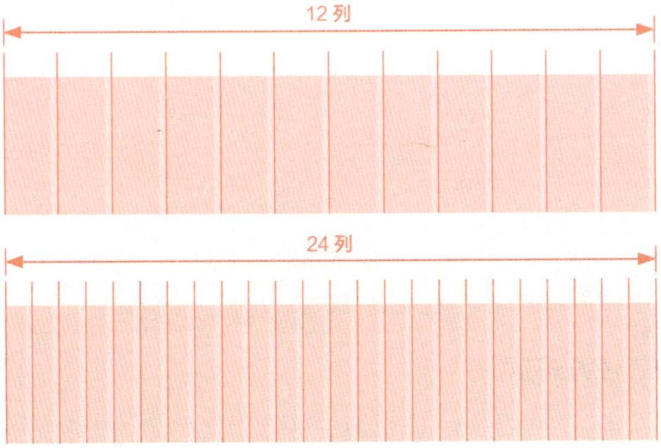

图4-28　确定网页内容等分的网格数

图4-29　确定栏间距

图4-30　12栅格体系

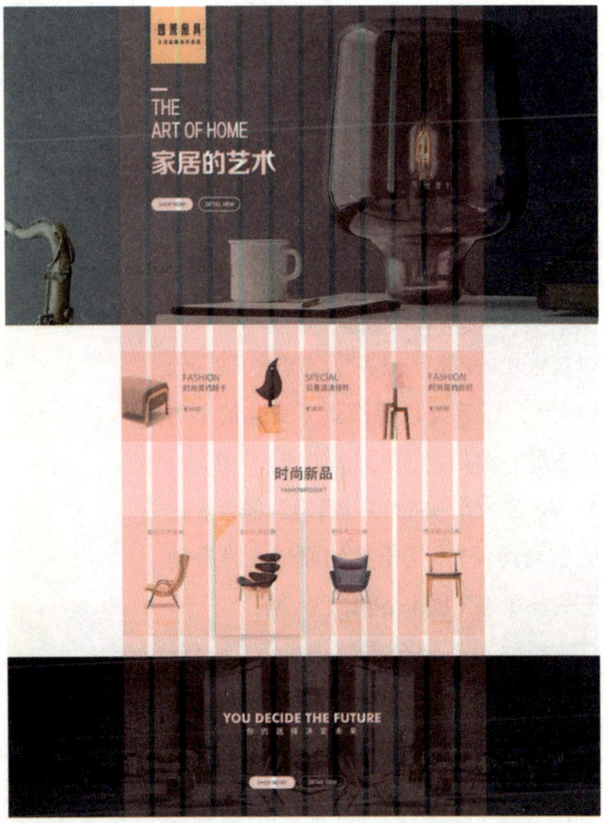

图4-31　12栅格系统的应用

12栅格系统应用广泛。天猫、淘宝、京东等便是采用W=（90+10）×12−10=1190（px）的12栅格系统，这种网格系统最适合1200px的屏幕显示。

虾米音乐的整体风格年轻而时尚，所以界面设计相对来说比较轻量、简洁。页面采用了12栅格系统，栏间距宽度是28px，比较透气（图4−32、图4−33）。

值得注意的是，界面中间的四个入口图标，并没有严格按照网格进行排列，而是进行了等分排列。因为，如果严格按照网格规范，这几个组件就无法实现均衡排列。由此，我们便知道，栅格是一种工具，用来辅助我们进行界面布局，而不是禁锢我们的设计。

2）24栅格体系（24列布局）。24栅格系统，可以充分体现布局的灵活性。版式的变化越丰富，网格系统越复杂。

例如，1440px×768px大小的画布，对宽度为1128px的内容区域进行24栅格的划分，我们可以这样设置：

页面宽度=1440px；

内容区域宽度w=1128px；

列数n=24；

列宽c=24px；

列间距宽i=24px。

这种24栅格的布局非常灵活，它可以被轻松的2等分、3等分、4等分、6等分、8等分、12等分，还有更多变化的不对称布局。例如，1∶2、1∶3、1∶5、2∶4、1∶7、3∶5，并且可以精确到像素。这些布局均保持了8倍数的原则，具备动态的韵律感（图4−34）。

栅格不是划分得越细越好，24栅格虽然精细，但也容易显得琐碎，布局的规则太多，也就相当于没有规则。

图4−32　虾米音乐的网格系统

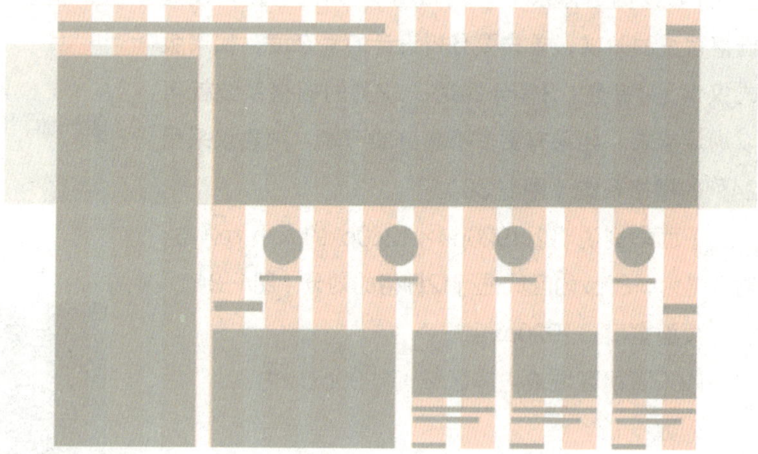
图4−33　虾米音乐的布局示意图

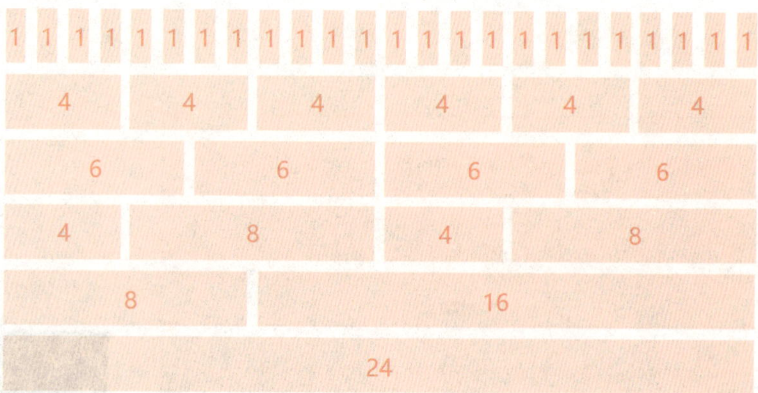

图4−34　24栅格系统的灵活布局

4.4 网页布局原则

4.4.1 留意页面尺寸

影响网页设计的两大因素就是分辨率和浏览器。

网页的局限性就在于无法突破显示器的屏幕范围，而且浏览器的工具栏等也会占去不少空间，留下来的页面范围变得越来越小。在网页设计中，水平或垂直滚动页面是给页面增加内容的唯一办法，但是除非内容十分吸引人，否则不要让用户滚动页面超过三屏。如果超过三屏，可以分页再加上链接。

4.4.2 了解页面的结构

（1）页头：页头的作用是定义页面的主题。比如，一个站点的名字多数都显示在页头里。这样，访问者能很快知道这个站点是什么内容。页头是整个页面设计的关键，它涉及下面的更多设计和整个页面的协调性。页头常放置站点名字的图片或公司标志以及banner旗帜广告等。

（2）页脚：页脚和页头相呼应。页头是放置站点主题的地方，而页脚则是放置制作者或公司信息的地方。我们能看到，许多此类信息都是放置在页脚的。

（3）内容区域：是放置图文乃至多媒体模块的位置。

（4）文本：文本在页面中多数以“行”或“块”（段落）出现，它们的摆放位置决定着整个页面布局的可视性。在过去，因为页面制作技术的局限，文本放置位置的灵活性非常小，而随着DHTML的兴起，文本已经可以按照自己的要求放置到页面的任何位置。

（5）图片：图片和文本是网页的两大构成元素，缺一不可。如何处理好图片和文本的位置成了整个页面布局的关键。而你的布局思维也将体现在这里。

（6）多媒体：除了文本和图片，还有声音、动画、视频等媒体。随着动态网页的兴起，它们在网页布局上正变得越来越重要。

4.4.3 更加生动的页面设计

这是一个购物页面，页面设计将文本和交互元素集中放置在左侧，而图片则以轮播图的形式放置于右侧，营造出大气之感，整体布局干净而通透（图4-35）。

图4-35 WHITETAIL网站的详情页面

图文元素不再受网格的束缚，而是互相交叉叠加排列，是当今网页设计的排版趋势之一。通过文本和图片的交叉叠加能够营造出独特的错落感，设计时要注意画面的平衡（图4-36）。

图4-36　创意公司网站的突破网格设计

对于需要展现大量信息的网页来说，侧边栏列表是非常有用的，它可以帮助用户快速选择内容。内容则统一采用图文叠加的排版，加入按钮、说明等其他辅助性元素，使网页看起来画面丰富又不失功能性（图4-37）。

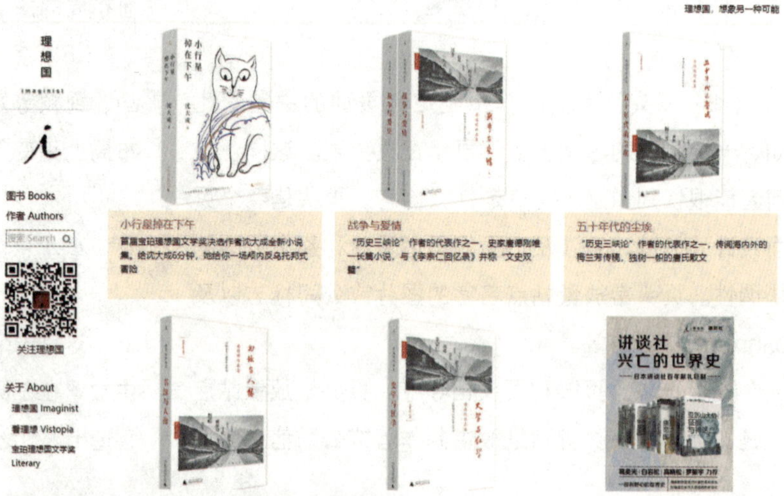

图4-37　理想国网上书店的侧边栏设计

更自由的网格设计能够创造出更加令人印象深刻的作品。这个网站采用不规则的网格系统，标题文字被网格切开，形成艺术化的割裂效果（图4-38）。

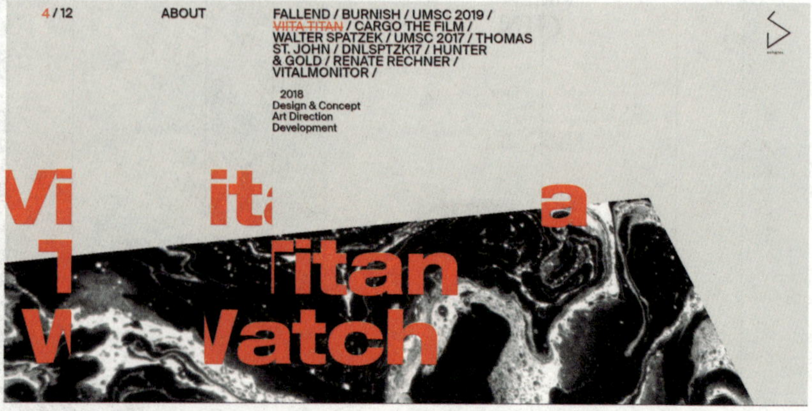

图4-38　设计网站的大胆设计

4.5 页面的导航形式

导航是交互的核心。一个网站的导航系统应该犹如地图一般，把网站中的各级页面按照信息的分类以及用户的行为逻辑组织在一起。每当用户不知道自己该去哪里时，都会习惯性地去浏览导航菜单，这也是用户习惯。

好的导航，能够最大限度地消除用户的疑虑，不仅能让用户时刻了解自己身处何处，还能为用户指明下一步浏览的方向。

从表现形式上划分，网站导航系统包括全局导航、局部导航、面包屑导航、搜索导航以及其他辅助导航系统。

4.5.1 全局导航

全局导航为网站信息提供了总览，让网站的结构与内容一目了然。一般可位于网页的头部、底部或侧边栏，以主菜单的方式呈现。

页头的全局导航应用最为广泛，也符合多年来用户养成的浏览习惯。对于信息结构相对简单的网站而言，顶部导航提供了全部一级子页面的链接（图4-39）。

对于一些大型的门户网站，信息架构过于复杂，不仅页面顶端放置多级导航，还有侧边栏导航（图4-40）。

近年来，许多全新的全局导航方式相继出现，令人振奋。例如，浮动菜单导航，这种导航浮动在页面主要内容之上，既醒目又别致。

全局导航位于侧边栏的情形可以保持主视觉区域的绝对干净，把对画面的视觉干扰降到最低（图4-42）。

图4-39 Airbnb的全局导航

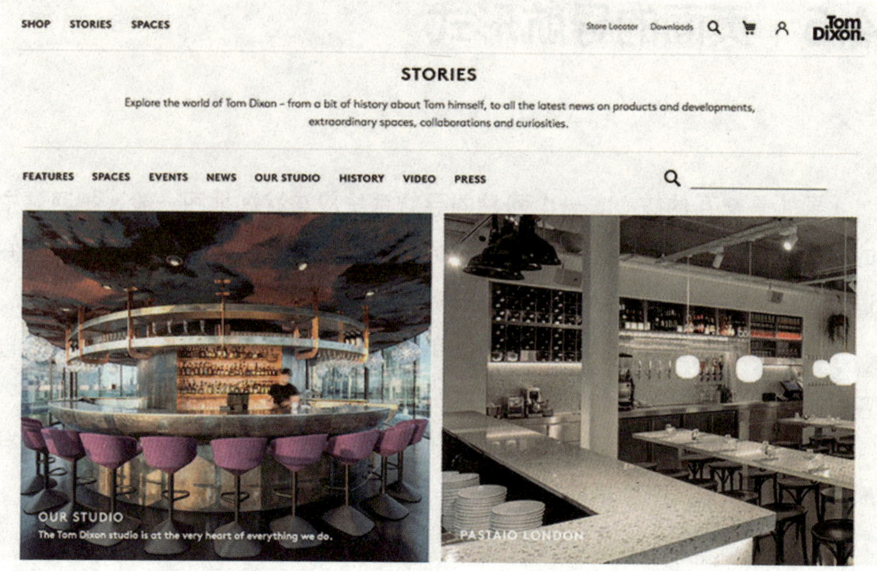

图4-40　Tom Dixon多级导航

图4-41　浮动导航

这个网站的导航栏置于左侧，所有的链接都摆在明面上，但是从名称到样式都非常简约小巧。

图4-42　Makespace网站的侧边栏导航设计

4.5.2　局部导航

局部导航常常与全局导航协同工作，是全局导航的补充与延伸。相对全局导航在固定位置的醒目展示，局部导航更加灵活，而且常常被隐藏折叠，例如常见的汉堡菜单等（图4-43）。

图4-43　TUSK品牌网站的局部导航

4.5.3　面包屑导航

面包屑导航顾名思义，是表明当前页面在网站结构中所处位置及层级的导航。一般位于网页上端，清晰显示网页的层次结构。面包屑导航可以告诉我们现在哪里，以及我们从何而来，并且可以帮助访问者迅速回到上一级页面。

4.5.4　搜索导航

搜索导航一般以搜索框或搜索图标的形式展现。通过站内关键词搜索，返回准确的搜索结果，让用户迅速找到想要的相关信息，一般用于信息量非常大的网站（图4-44）。

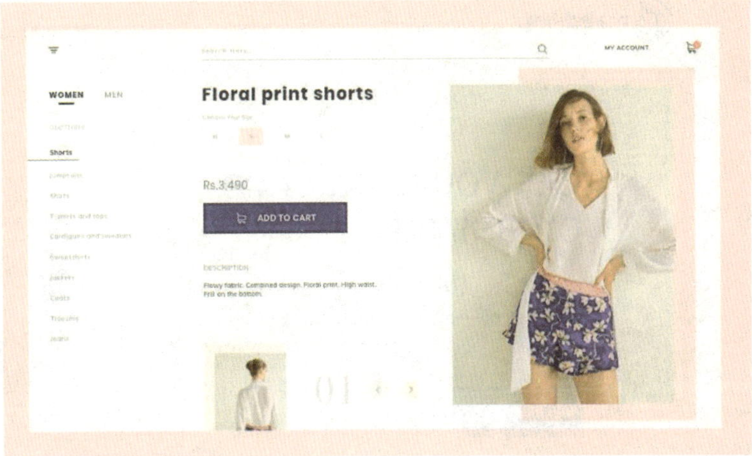

图4-44　购物网站的搜索导航

4.5.5　其他导航

由于网站信息结构越来越复杂，其他导航的作用也越来越凸显。例如，文字链接、图片链接、视频链接、图标等，用更加直接的方式，让用户不必通过全局导航，即可直接进入相关详情页面，进行浏览（图4-45）。

一些设计元素，比如线条、“查看更多”和箭头等元素，同样能够在视觉的引导上起到一定的作用。

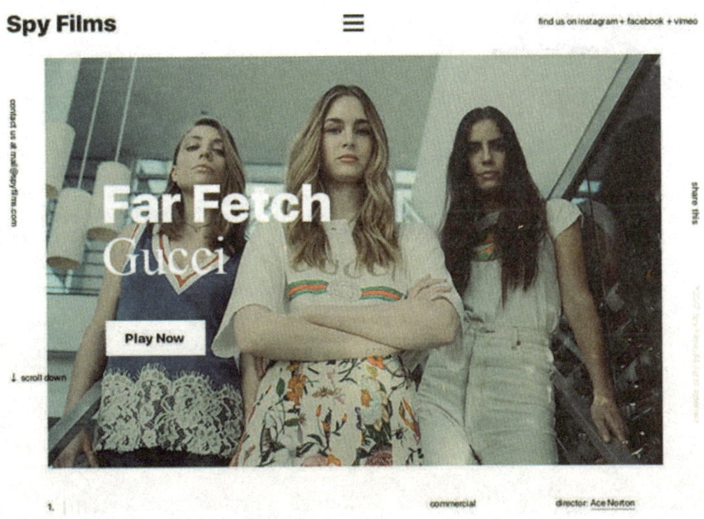

图4-45　Spy Films网站的链接导航

4.6 导航设计的原则

4.6.1 7±2的米勒原则

一个人一次可以接受的信息量为7±2。如果网站提供给用户选择的内容超过这个数字，人们在心理上就会感觉烦躁、压抑，觉得信息太密集，很累。因此，对于信息的分类，尽量不要超过9个类别。如果内容实在太多，需要进行分组处理［图4-46（a）、图4-46（b）］。

以Mailchimp的首页导航为例，网站的导航栏被划分成四个栏目。营销平台和资源栏目中更丰富的内容用下拉菜单实现。这样导航的层级清晰明了。

4.6.2 让导航菜单清晰可见

（1）全屏设计中的导航菜单不要太小。如果空间允许，不要隐藏菜单。

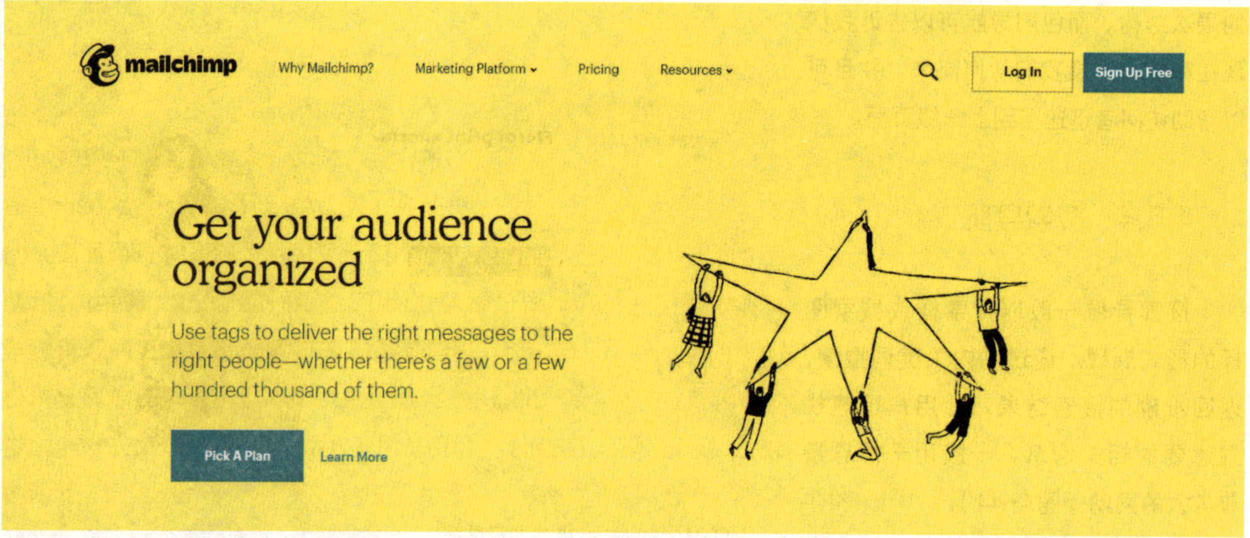

图4-46（a） Mailchimp邮件营销网站的主导航

图4-46（b） Mailchimp邮件营销网站的下拉菜单

（2）把导航菜单放在用户熟悉的位置。

（3）菜单链接应看起来明显可点击。如果导航设计融入太重的图形，或太过追求扁平化设计风格，会使它们看起来更像装饰性图片或标题。

（4）确保导航拥有足够的视觉吸引力，很多导航周围会留白以凸显它。

（5）导航菜单的颜色要与网站背景色对比鲜明。

4.6.3　我在哪儿

成功的导航有一个最基本的标准是：用户自己能发现“我在哪儿?”。

这就意味着被选中的菜单选项在视觉上应该与其他选项有差异，这可以帮助用户明确自己的当前所在位置（或者通过面包屑导航定位）。

4.6.4　导航应该易于操作

导航菜单的选项过小或彼此靠得太近，会给用户造成很大的困扰，尤其是在全屏网站中导航菜单如果设计成这样，会很难操作。

确保下拉菜单不会太大或太小。鼠标悬停触发的下拉菜单呈现时间太过短暂会给用户带来挫败感，因为用户还没来得及点击菜单里的某个链接的时候，下拉菜单就消失了。另外，太长的垂直导航菜单也不利于底部选项的点击，除非滚动屏幕。

当页面内容很长时，应考虑悬浮导航。

课后习题

1. 网页布局设计的一般步骤是什么?
2. 运用两种常见的网格体系为所在学校创建五种不同的首页布局。
3. 思考不同的导航形式在网站中如何搭配使用。

第5章

网页色彩

PPT 课件

本章学习目标

了解色彩的由来与属性。理解网页色彩及网络安全色的相关知识，掌握网页配色的基本技巧以及配色法则。

5.1 认识色彩

5.1.1 色彩的本质

光是自然界一切色彩现象的本质。当物体受到光线的照射，物体表面会吸收一定波长的光，反射另一些波长的光，这些可视光波被人的眼睛感知到，传导到大脑中，便形成了色彩的感觉。这种感觉和物体本身的特性相连，还可以生成我们对色彩最初的联想。例如，蓝色可以使人联想到大海和天空，苍茫、辽阔、孤独，因此，蓝色便有了一种沉静忧郁的气质。

5.1.2 屏幕上的色彩和RGB模式

电脑和手机屏幕中显示的所有色彩是由红（Red）、绿（Green）、蓝（Blue）三种点光混合而成的，调整它们的混合比例，可以改变色彩的亮度，直至变成全白色。这种色彩的混合方法叫作加色混合（印刷的色彩是由CMYK四色油墨的网点叠加而成，被称为减色混合）。表达屏幕颜色的时候，一般会按照RGB的顺序，分别用0～255的数值来表示，这便是色彩的RGB模式，如

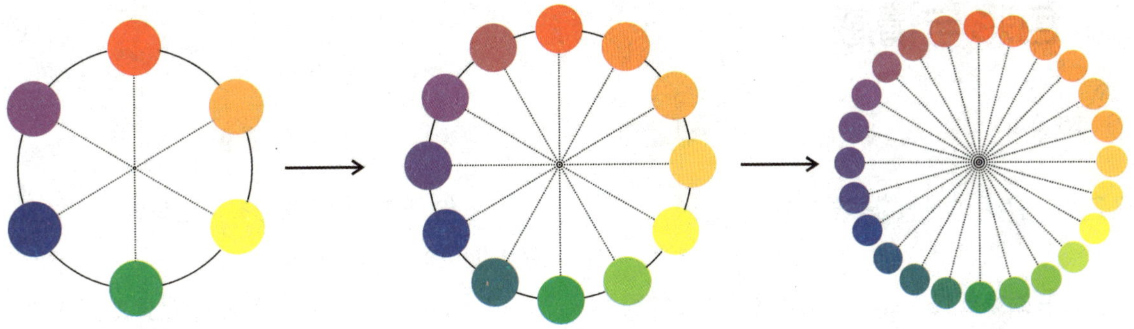

图5-1 色相环的演变

纯红色可以表示为RGB（255，0，0）。这样的色彩模式可以表达256×256×256=16777216种颜色。

5.1.3 色彩的属性与HSB模式

我们对于眼睛看到的色彩是通过色相、饱和度、明度这三种属性来认识的。

（1）色相（Hue）用来区分色彩的种类。

（2）饱和度（Saturation）指的是色彩的纯净度。饱和度越高，色彩越鲜艳，反之，饱和度越低，色彩越趋于柔和。黑、白、灰这样的无彩色饱和度为0。

（3）明度（Brightness）指的是色彩的明暗。人们观看色彩时，总是很自然的遵循从亮到暗的扫描过程，先注意明度高的色彩，再将视线转向明度低的色彩。因此，明度是色彩层次的重要表现手段。

有彩色系中，黄色明度最高，紫色明度最低。任何一个有彩色，当它加入白色时，明度提高，当它掺入黑色时，明度降低，同时其饱和度也会相应降低。无彩色只有明度属性，没有色相，也没有饱和度。

不同于RGB色彩模式，HSB色彩模式是基于上述人脑感知色彩的方式而建立的。你可以首先确定一个色相，然后调整它的饱和度，也就是色彩纯度的情况，最后考虑色彩的明暗。HSB模式让你能够轻松找到自己想要的颜色。

5.1.4 理解色相环

色相环主要用来帮助我们理解色相之间的关系。它的种类繁多，最常见的12色色相环来自画家伊顿，它是由三原色等量混合出三间色，相邻的间色和原色再分别等量混合而成。由此还能继续衍生出24色的色相环。由于色相环上的所有颜色彼此协调，所以它能够成为配色的参照系（图5-1）。

有了色相环，我们就可以根据色彩彼此的位置关系得到同类色、邻近色、对比色、互补色的概念。越是相邻的色相彼此搭配，色彩对比越弱，和谐度越高；越是相对的色相彼此搭配，色彩的对比越强，视觉冲击力越大（图5-2）。

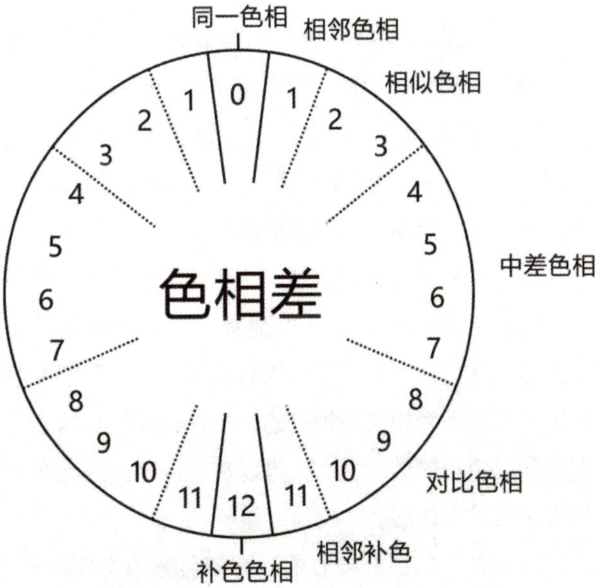

图5-2 色相的分类

5.2 色彩与情感

5.2.1 色彩象征的多样性

一种色彩的象征性来自于人类共同的色彩体验和个体经验的结合。因此，色彩既具有普遍的象征意义，又具有多样性和不确定性，也就是说，如果我们来自不同的地区，有着不同的文化、教育背景和个人经历，对色彩的体验就可能有所不同，对于同一种色彩，就可能会有截然不同的诠释。

例如红色，既象征热烈和激情，也象征恐怖和危险。又例如紫色，在西方宗教世界中，是一种极其尊贵的色彩，但在伊斯兰教中，紫色却是一种禁忌的颜色。这些色彩引发的不同心理效应，设计师可以通过前期的设计沟通及调研去了解。

因此，如果要确立一个网站的色彩体系，我们首先需要对网站的目标、策略、受众的色彩偏好等进行细致的分析，尤其是跨文化的国际性网站，应该尽力避开色彩可能引发的各种不良联想，在各种可能的色彩解决方案中选择最优解。

5.2.2 色彩的视觉效应

（1）色彩的明暗。眼睛总是会被明亮的色彩吸引。尤其是明亮的暖色，让人感觉温暖而神秘。

（2）色彩的冷暖。色彩的冷暖基本是由色相决定的，红色、橙色和黄色让人感觉温暖；相反，蓝色、蓝绿色等则带给人寒冷的感觉。

暖色饱和度越高越热烈，冷色明度越高越清冷。

（3）色彩的远近。一般而言，暖色系普遍具有前进感，冷色系则具有明显的后退性，前进和后退的感觉与亮度尤为相关，相同的色相，亮度越高越往前进。利用色彩的这一特点，可以在设计中创造出漂亮的层次感和立体感。

（4）色彩的膨胀与收缩。即使色彩的面积相同，因为色相不同，它们看起来会有大小的变化。一般而言，暖色，明度高的色彩有扩张与膨胀的感觉，冷色及低明度的色彩有收缩感。

（5）色彩的轻重。色彩的轻重主要取决于明度差，明亮的色彩轻，暗浊的色彩重。

（6）色彩的软硬。色彩的软硬和轻重一样，也是由亮度决定的，亮色给人温柔的感觉，暗色则普遍带来坚硬的质感。

5.2.3 色彩的情绪效应

根据色彩的色相、饱和度和明度的变化，我们会产生诸如“明亮”“鲜艳”“华丽”“朴素”等的色彩感觉，还会产生兴奋、热烈、平静、放松等情绪的变化。例如，红、黄色系使人感到兴奋，同时产生温暖感；蓝、绿色系使人感到沉静，从而产生寒冷的感觉；黑、白以及纯度高的色彩带给人们刺激感；灰色及纯度低的色彩则给人舒适的感觉。

（1）红色：最强有力的色彩，能引起肌肉的兴奋，热烈、冲动。

（2）橙色：较为温和，是一种很欢欣、快乐的色彩，加入黑色则显稳重。

（3）黄色：亮度最高，快乐活泼，给人明亮、积极的感觉。

（4）绿色：色感温和、新鲜，偏向自然，宁静、生机勃勃的感觉，象征青春、喜悦与和平。

（5）蓝色：永恒、博大、遥远感。

（6）紫色：华丽高贵，偏暖的紫色使人沉着安定，偏冷的深紫色给人凄清的感觉。

（7）褐色：丰富而谦让的色彩。

（8）黑色：空、无、永恒的沉默，庄严而稳重。

（9）白色：纯净、虚无，有无尽的可能性。

（10）灰色：视觉中最安静的色彩，朴素。

熟悉这些色彩带来的普遍的情绪效应，有助于我们根据品牌的战略需要，准确选择色彩的基调。

5.3 配色法则

5.3.1 从双色搭配开始

色彩具有很强的情绪影响力。但在实际应用中，一种色彩往往显得单调，无法传达更细腻的情感。因此，我们需要将更多的色彩搭配起来，让这些颜色或是彼此协调，或是制造冲突，让画面更富于表现力。

所谓的色彩搭配，其实就是色彩之间的相互作用。由双色搭配入手，可以帮助我们从处理两种颜色的关系开始，迅速掌握配色的秘诀。双色搭配中最基础的，当然属单色系，虽然是单色，总还是需要有无彩色与之搭配。首先我们来看看下面这个网页（图5-3），这是Clement Grellier的个人网站的首屏设计。

乍一看，整个网页只用了一种色彩——安静且饱和度不高的绿色，但实际上，这个设计还用到了白色。绿色构成了大面积的背景，白色的文字清爽而醒目，整个网站看起来富有活力。

如果我们改变这两种色彩的对比关系，采用白色作为大面积的底色，上面排列绿色的文字。文字生机勃勃，但白色几乎难以让人注意到。因此，整个网站传递出一种过于清爽的格调，无法给人留下深刻印象（图5-4）。

如果我们保留小面积的绿色标题，在大面积的白色背景衬托下，中间标题部分将显得异常突兀而强势，周围白色则过于空旷。为了激活周围的白色空间，我们可以增加绿色的线条，与中间的色块相呼应，两个导航关键词——关于我（about me）和作品（work）也改用绿色，穿插在线条中，让人不易忽略（图5-5）。

在这个例子中，绿色和白色共同营造出“自由职业者”自在轻松的氛围。但由于色彩的面积对比、图底对比发生了变化，网页中各要素的力量对比也在发生变化，网页的情绪也随之发生微妙的改变。

如果完全改变上述两种色彩，我们会得到各种全新的视觉效果。有些更柔和，有些更时尚，有些则更

图5-3 单色配色示例

图5-4 白色为基调的配色示例

图5-5 激活白色区域的设计

（a）　（b）　（c）

图5-6　改变色彩对比的实验

图5-7　企业论坛的首页

黑色凸显了理性和专业的精神。

图5-8　Dennis摄影网站

具有颗粒感的灰色，给网站带来了类似胶片的质感。

图5-9　意大利插画师的网站

扁平的插画风格搭配强烈明亮的流行色；点缀黑、白、灰色之后，诙谐有趣。

谦逊（图5-6）。

这些印象均来自不同的色彩对比，因此，对比是色彩搭配最重要的理论基础。常用的色彩对比包括，色相对比、明度对比、饱和度对比、面积对比、形状对比等。

值得一提的是，无彩色的配色近年十分流行。只要设计得宜，黑色也可以毫不沉闷，反而能在一片明亮轻盈、张扬浓艳的世界里脱颖而出（图5-7、图5-8）。

5.3.1.1　大胆加入无彩色

许多单色系的网页配色都会加入无彩色（黑、白、灰）进行调和，有了无彩色，彩色才更加鲜明有力。单色系搭配白色，让页面更加干净；单色系搭配灰色，页面便有了更理性的面貌；单色系搭配黑色，整个网页会有炫酷的气质（图5-9）。

5.3.1.2　稳妥的同色系搭配

单色配色并不是指只有一种颜色，而是只有一种色相。确定了主色之后，通过调整色彩、色调和色度，能获得一个色相下不同的颜色，创造出有层次的配色方案。当然，配色方案内不同的颜色之间，要有足够的对比度，让用户能够识别出来（图5-10、图5-11）。

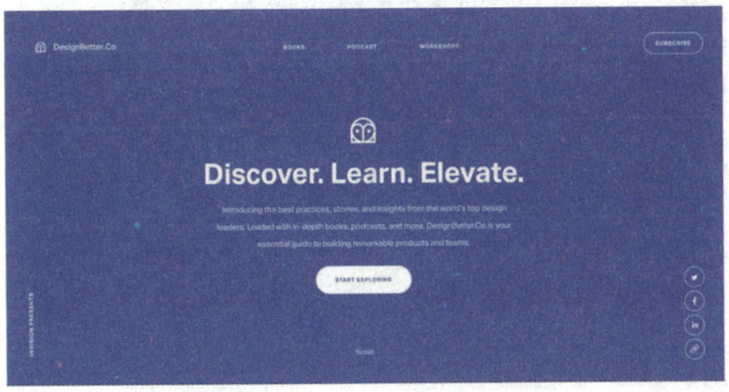

图5-10 设计公司网站

两种蓝色，不同的明度对比，创造出一种理性现代的效果，深具科技感。

图5-11 创意中心网站

湖绿色系列打造出网站宁静而淡雅的艺术氛围。

图5-12 Frans Hals Museum网站

低饱和度的麦秆黄色与浅咖色塑造出博物馆温暖质朴的调性。

图5-13 Air France Music网站

渐变可以让色彩更加丰富，更有质感，使原本平淡的色彩拥有近乎艺术化的表达。因此，渐变色彩早已成为网页设计的时尚潮流，只要一个漂亮的渐变，就能让网站气质不凡。

这样的色彩搭配，视觉感受是和谐而统一的，而且画面十分丰富。

5.3.1.3 丰富的相邻色搭配

任何色彩在色轮中都有顺时针和逆时针两个方向的色相与之相邻。一般而言，选定一种色彩，与之相邻的90° 范围内的色彩都可以算作邻近色的范畴。相邻的色彩一般过渡自然，看起来非常舒服。这些色彩是感觉一致的颜色。比如，淡蓝色、淡黄色、淡绿色或土黄色、土灰色、土蓝色。只要放在一起就能够协调搭配，轻重相宜（图5-12、图5-13）。

5.3.1.4 更大胆的对比色搭配

对比色指的是色相环中和选中色彩相距≥90° 且≤180° 的色彩。对比色的搭配由于色彩对比明确，因此个性十足，非常醒目（图5-14）。

当对比色相遇，适当降低其中之一的饱和度可以柔化对比效果。如果必须采用两种饱和度很高的对比色彼此搭配，还可以增加面积对比，以其中一种色彩为主，占据大部分面积，另一个作为点缀或辅助即可（图5-15）。

加入无彩色等间色也是对比色之间很好的缓冲，因为当两个色彩针锋相对时，加入第三种比较和缓的色彩进行调和，就不会觉得突兀。

此外，渐变也是一种积极的协调对比色的方法（图5-16）。

图5-14 FWU网站

虽然是严谨的金融投资行业，橙色和绿色的对比为品牌注入了更多活力。

图5-15 Likely story网站

图5-16 Loop音乐网站

渐变可以调和两种色彩的冲突。

图5-17 CLUB-MATE饮料网站

明黄色和暗紫色的对比很好地衬托出饮料的阳光活力。

5.3.1.5 激进的补色搭配

最强烈的对比色当属补色。补色搭配，是由色相环中彼此相对的两种颜色搭配而成。常见的补色搭配有红绿、蓝橙、黄紫等，一般而言，如果用高饱和度的补色直接大面积搭配，由于视觉刺激太强，会让人产生极不舒服的感觉，长时间观看这样的页面，甚至会引发头晕、烦躁甚至易怒的情绪。

成功的补色搭配取决于两种补色在饱和度、明度以及面积之间的平衡，此外，还可以加入无彩色进行调和（图5-17）。

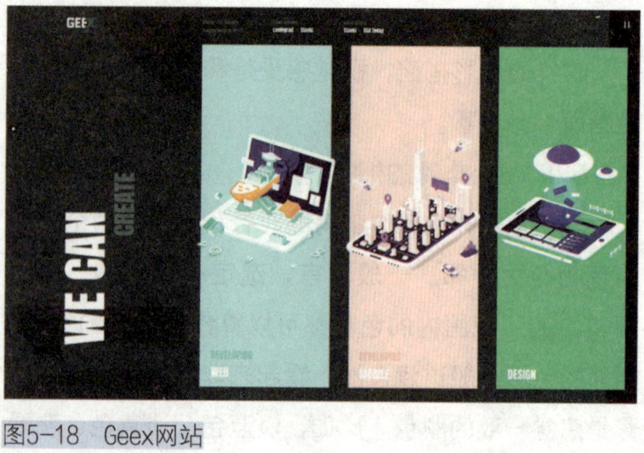

图5-18 Geex网站

红绿搭配如果要让页面更和谐，可降低色彩的纯度，并且加入大量的留白。

图5-19　San Flaviano牙科器材网站

整个网站采用柔和的近似色，让健康温暖的感觉扑面而来。

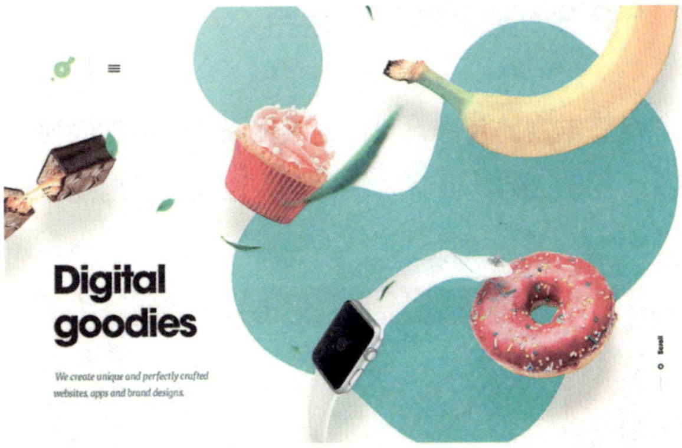

图5-20　品牌设计网站

网站配色亮丽明快，让人联想品牌形象塑造的重要性。

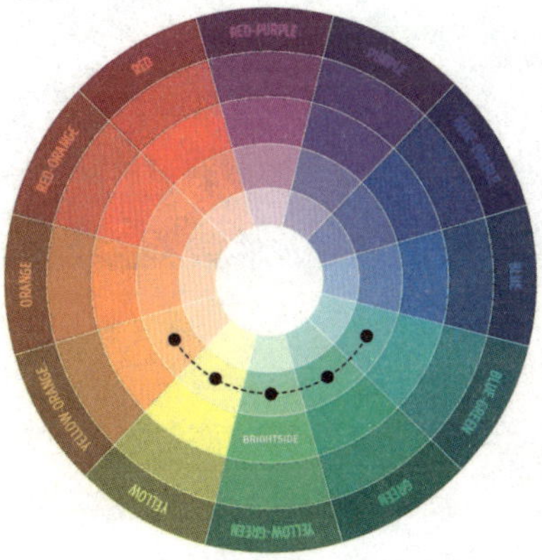

图5-21　近似多色搭配的色环示意图

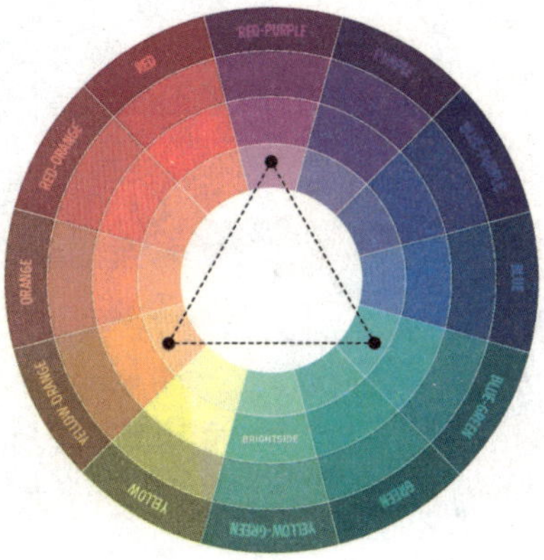

图5-22　三角形色系搭配的色环示意图

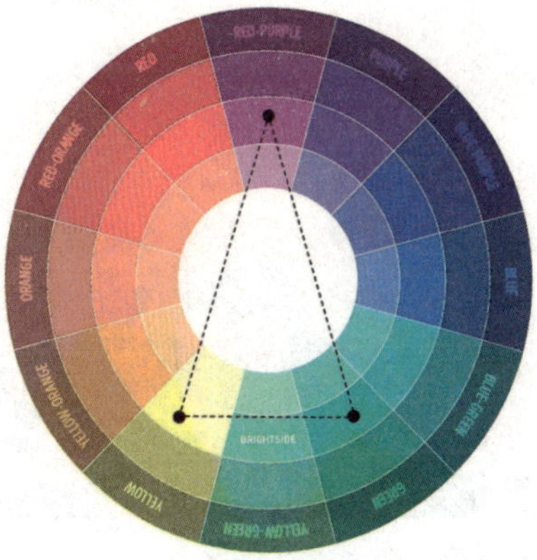

图5-23　分裂补色搭配的色环示意图

5.3.2　三色的搭配

三色搭配比双色更加细腻多变，常用的搭配技巧有近似色搭配、三角形色系搭配、分裂补色搭配等（图5-19、图5-20）。

5.3.2.1　近似色搭配

选择色相环中彼此相邻的3个颜色进行搭配。由于是近似色，因此，色彩搭配整体性强，不容易失败（图5-21）。

5.3.2.2　等边三角形色系搭配

色相环中任意等边三角形三个顶点位置的颜色彼此搭配。这种搭配，变化丰富，可以在协调的基础上，创造更强烈的视觉效果（图5-22）。

5.3.2.3　分裂补色搭配

补色搭配的变种。选定主色之后，选择色环上与它的补色相邻位置上的两种颜色与之搭配。此种搭配既有对比，又不失和谐（图5-23）。

5.3.3 更多的色彩组合

尽管丰富的色彩，可以给人带来明快响亮的视觉感受（图5-24），但有时候，也会让人觉得混乱，缺乏重点。事实上，颜色用得越多，页面就越难控制。多色组合的技巧可参考正方形配色。

正方形配色，将位于色相环4个等距位置的颜色组合在一起，这样的配色气氛热烈（图5-26）。

图5-24 创意平台网站

大胆鲜明的色彩结合简洁的插画能刺激人们探索网站。

图5-25 MIKI MOTTES手工制品网站

色彩丰富协调、造型生动可爱的插画让网站看上去质朴而有趣。

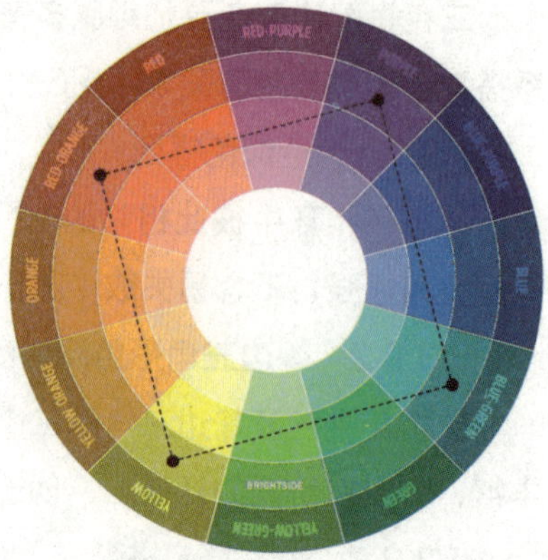

图5-26 正方形配色的色环示意图

5.4 网页色彩

5.4.1 网页色彩的表示方法

网页设计中，用CSS指定颜色时，常用的表示方法有以下几种：

（1）RGB格式——rgb（r,g,b）。RGB格式是最常用的屏显色彩格式之一。括号中的r、g、b分别定义红、绿、蓝颜色的强度，可以是介于0~255的整数，其中0表示没有颜色，255表示颜色最强。例如，rgb（0,0,0）表示黑色，rgb（255，255，255）表示白色，因此，RGB模式的配色是加色混合。

（2）RGBA格式——rgba（r,g,b,a）。RGBA模式在RGB模式基础上新增了Alpha透明度，支持透明颜色。括号中r,g,b的取值范围为0~255的整数,a表示透明度，取值范围在0.0~1.0，0表示完全透明，1表示完全不透明，例如：background-color:rgba（211,213,12,0.4）。

（3）Hex格式——#000000。这是RGB模式的16进制表示法。一般#开头，后面分别为RGB的16进制代码，取值范围是16进制00-ff，ff最大，代表十进制255。所以#000000表示黑色，#ffffff表示白色，同样#ff0000表示纯红色，#00ff00表示纯绿色，#0000ff表示纯蓝色。此外，当颜色代码为#XXYYZZ时，可以用#XYZ表示，如#135与#113355表示同样的颜色。在CSS中，可以用rgb（127,127,127）代替#7F7F7F。

5.4.2 网页安全色（Web Safe Color）

由于显示设备、操作系统、浏览器等的不同，相同的数字色彩在不同用户的屏幕上显示的效果可能会出现很大差异。为此，1995-1996年，软件专家设计了一种216色的调色板，这些颜色在不同的硬件环境、不同的操作系统、不同的浏览器中显示效果基本一致，其中彩色210种，无彩色6种。

显示技术的日新月异，对目前大部分的显示器而言，都可以支持数以百万计的颜色。因此，一般的网页设计中，配色并不需要局限在网页安全色的范围内，不过页面中主要文字区域或背景的颜色，采用网页安全色，确实可以提供更为可靠的色彩显示效果。https://www.bootcss.com/p/websafecolors/中提供全部网页安全色的16进制和RGB颜色代码，非常便于使用（图5-27）。

图5-27 WEBSAFECOLORS网站提供的网页安全色标准色值

值得注意的是，即便如此，不同的显示器，色彩显示效果依然可能存在差异，因为显示器的色彩校准、观看角度、外光环境等都会影响屏幕的显示效果。

5.4.3　网页配色原则

5.4.3.1　整体性

网站色彩应该有整体性。具体而言，就是整体协调，局部对比。色彩种类并不一定很多，但每种色彩都应该有明确的角色分工，哪个是主色，哪些是辅助色，哪个又是重点色，哪个是背景色，这些色彩分别应用在每个页面上不同的部分——标题、正文、背景、图片、按钮、导航栏等，组成有节奏的韵律，不断强化网站的整体视觉效果（图5-35）。

要做到这一点，遵循尽量少用颜色的原则，最好把色彩控制在3~4种，通过调整色彩的各种属性来产生变化。一方面，可以使网页的层次更清晰，不会使用户眼花缭乱；另一方面，也可以让用户第一时间注意网站的内容，而不是网页本身。

5.4.3.2　适用性

合适的就是最好的，网站的配色不可以喧宾夺主，而应该和网站的主题与内容相得益彰。例如，更理性的网站选择冷色调；很多企业网站的主色调其实是从企业形象所规定的标准色彩衍生而来的；而图片多的网站，网站的整体色调就应该倾向于低调含蓄，这样能很好地烘托图片的氛围。

5.4.3.3　独特性

网站配色也需要有独特的个性，避免与其他同类网站雷同。

5.4.3.4　宜人性

网页的色彩设计要遵从人的视觉习惯，不要用亮度太高或太低的色彩，以免长时间注视后眼睛疲惫不堪。

除了考虑人们对色彩感知的一般规律外，特别需要考虑色觉异常的情况。色觉异常的人群比你想象中更多，因此，网页的视觉效果不能仅仅依赖色彩表现。

同时，文本和背景之间色彩的对比度应该满足WCAG 2.0（Web Content Accessibility Guideline，Web内容无障碍指南）的标准，如表5-1所示。

表5-1　字号大小与配色

Text	Normal	Bold	Ratio AA	Ratio AAA
small	<24px	<19px	4.5：1	7：1
Large	>24px	>19px	3：1	4.5：1

WCAG 2.0标准意味着：

（1）字号小于24px的文字，文字和背景的对比至少达到4.5：1，这意味着，白色背景上小于24px的文字，至少45%的灰色才能被很好地识别。

（2）字号大于24px的文字，文字和背景之间的对比至少达到3：1。

（3）中文由于笔画众多，结构复杂，文字和背景之间的对比至少应为5：1。

- 提示 -

这里有一组Salesforce的无障碍设计顾问Cathy O’Connor提供的数据：

（1）世界人口的15%，有着不同程度的残疾，包括视力、听觉、行动及认知障碍。

（2）约有4%的人视力低下，0.6%为视盲。

（3）7%~12%的男性有不同形式的色觉缺陷（如色盲），而女性只有不到1%。

（4）低视力状况随着年龄的增长而增加，而全球增长最快的人群是60岁以上的人。

（5）过了40岁，大多数人都需要老花镜才能清楚地看到小物体或文字。

from：Color Contrast And Why You Should Rethink It，by：Cathy O’Connor

除了文字色彩和背景色彩的对比需要特别注意之外，一般来说，文字最好避免使用纯黑色，深灰色更容易阅读。一个比较舒服的文字颜色范围：#333333到#666666。白色（#FFFFFF）是可以搭配任何文本的安全颜色。

5.4.4 网页配色技巧

网页的配色需要掌握基调色、主题色、重点色3个要素。

基调色是网页中作为背景一样使用的大面积的颜色，主题色是确定网页风格的方向性颜色，重点色则用于强调网页中某个动作按钮、某些重点信息等。一般而言，70%的基调色，25%的主题色，5%的重点色。

（1）确定主题色。主题色代表网页要给人的第一印象，因此，主题色一般需要符合品牌或产品的特质，从品牌或产品的气质和理念中定义颜色。

（2）确定基调色。基调色由于大面积使用，它的功能不仅需要便于阅读，而且需要烘托主题色的气质，因此，无彩色以及高明度的主题色常常被使用。

（3）确定重点色。重点色用以强调网页中重点的交互元素或信息元素，一般而言，重点色是与主题色具有强烈对比或互补关系的颜色。

课后习题

1. 找出两个典型的冷色调和暖色调的网页设计，并对其进行色彩的搭配分析。
2. 举例讨论网页的配色和行业属性、品牌调性、网站风格之间的关系。
3. 思考网页设计中色彩的作用有哪些?
4. 如果要为自己设计一个网站，你会选择什么颜色作为主色和辅助色，为什么?

第6章

网页图像

PPT课件

本章学习目标

理解网页图像的版权、质量对于网站品质的重要性。掌握网页设计所用的基本图像格式以及常用的图像比例。能够运用一些基本图像编排技巧设计网页界面。

6.1 网页图像元素的种类

图像是网页中最具表现力的设计元素，高品质的清晰图片，能够显著提升整个网站的视觉品质。

图像的类别丰富，有摄影照片、插画、图表、动画、视频等。图像的美感和质量直接影响到网站给人的第一印象。因此，从图像的选择、设计到编排，无一不需要专业精准的设计，是最体现设计师功力的地方（图6-1～图6-6）。

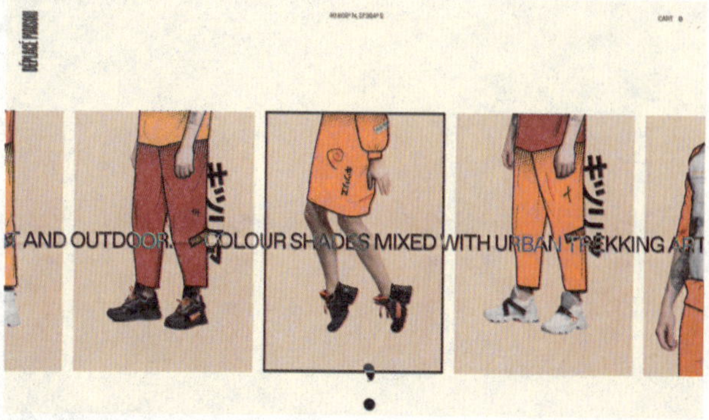

图6-1　鞋类品牌购物网站

网站从左往右展示了不同的球鞋样式，其中服装手绘增加了人物动态姿势的趣味性，更符合年轻人的喜好。

图6-2　SUV网站

全景图片配合各种角度的细节图片，全方位展示汽车霸气的外形和精湛的技术细节。背景则选择一些场景图片烘托汽车无与伦比的性能。

图6-3 HURU品牌购物网站

图6-4 Good Stuff网站

自由的插画传递出轻松闲适的氛围。

图6-5 Coda网站

剪影风格的拼贴插画让网站别具一格。

图6-6 TEAM ELITE网站

合理利用图片的动势，能够很好的渲染网站的运动气氛。

6.2 网页图像格式

网页中所用的图像主要是点阵图的JPEG、PNG、GIF格式和矢量图的SVG格式。

（1）JPEG：适合表现色彩丰富的照片。

优点：支持1670万种颜色，文件比PNG格式小。压缩技术先进，在有损压缩的情况下依然可以展现十分丰富生动的图像。且支持很高的压缩率，文件小，下载速度快。

缺点：一旦降低画质，就无法复原。

（2）GIF：适用于商标、标志、图标、动画等图像。

优点：文件小，加载快。支持透明背景，不支持半透明。

缺点：制作动画文件只能使用256色色彩模式。

（3）PNG：适合表现颜色丰富的照片或透明背景的图像。

优点：无损压缩，完全支持Alpha透明（透明、半透明、不透明）。8位的PNG8常用来制作小图标、按钮等。24位的PNG 24支持全色。

缺点：注意IE 6不支持透明的PNG图片，文件比JPEG大。

（4）SVG：适用于商标、标志、图形、动画等图像。

优点：可以制作成动画，矢量图形格式，可自由缩放。

缺点：复杂的图形会使文件变大。

综上所述，网页图像的格式各有所长，比如支持多级透明的PNG格式、图片文件很小的JPEG格式、支持透明背景且支持动画的GIF格式等。

网页刷新速度是网站可用性的重要指标，受服务器带宽的限制，图像尺寸的大小直接影响图像的加载速度。因此，在保证图像清晰的情况下，网络图形文件应该尽可能小。对于显示器上的图像而言，72dpi、RGB色彩是大多数图像的最佳选择。

那么如何让网页使用的图片更小呢?

（1）给程序员切图的时候，适当缩小图片文件的大小。比如，Photoshop中存储为web所用格式，就会比快速存储文件更小。

（2）可以尝试使用TinyPng、智图等工具再次压缩图片。这些工具会把图片中的多余信息删除并且压缩，而图像质量不受损失。

（3）Google研发了一种Webp格式，它的图片压缩体积大约只有JPEG的2/3，能节省大量的带宽资源。目前，Facebook、站酷等，图片存储都是使用了Webp图片格式。

6.3 图版率

图版率是版式设计的概念，但也完全适用于网页设计。图版率指的是网页单一页面中图像元素的多少。图像的多少直接影响网站的风格。图版率越高，网站风格越强烈，但传达信息更少；图版率越低，网站越平淡，但承载信息越丰富（图6-7、图6-8）。

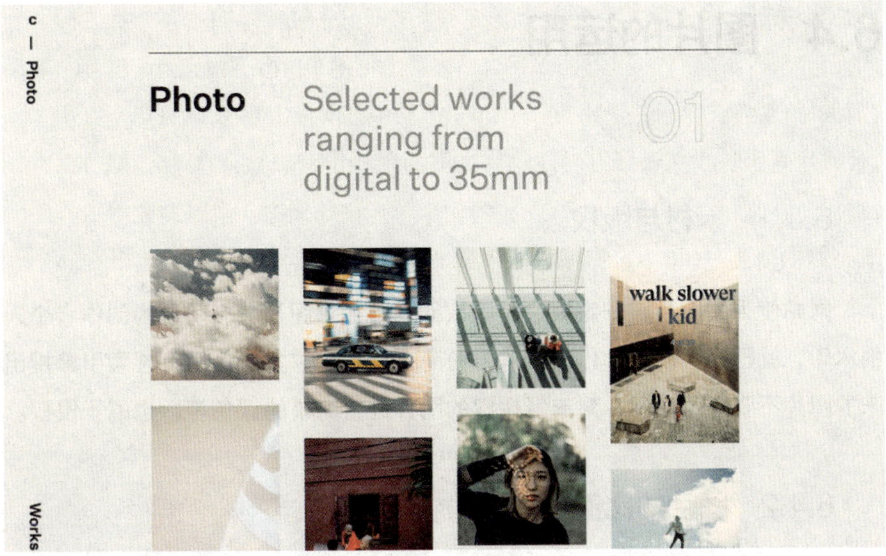

图6-7 c-photo网站

大量的留白，使这个摄影网站洋溢着干净明亮的文艺感。

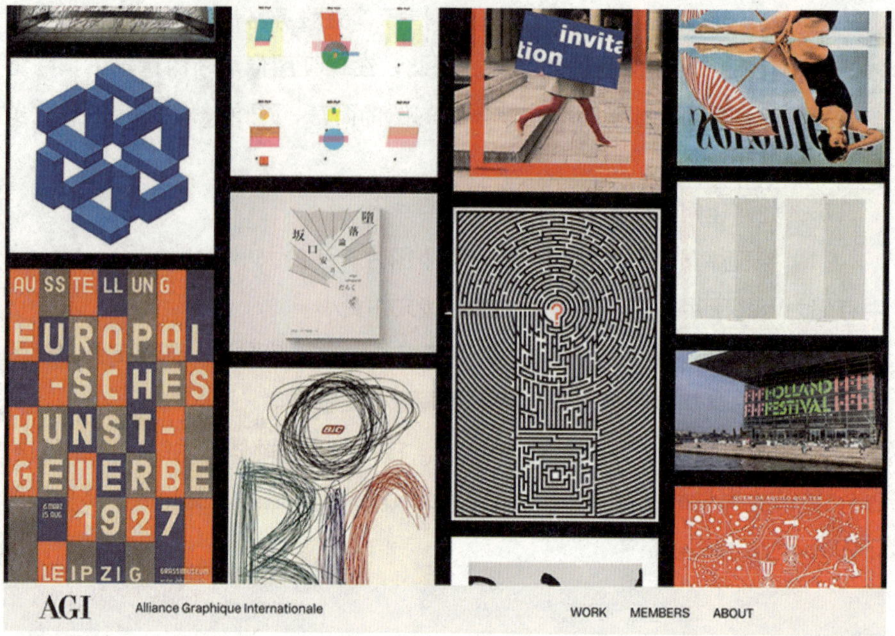

图6-8 AGI网站

满屏的瀑布流图片，使网站生机勃勃。

由于图像本身的信息传达直观、强烈但不具体，一般而言，信息量特别大的网站中，图版只是作为信息的图解或点缀。

个人或企业网站由于强调个性化的表现、与众不同的魅力，因此，大量运用图形、图像与视频、动画元素等成为首选。

6.4 图片的运用

6.4.1 素材与版权

网站使用的图片，一定要注意版权问题。如果图片上有明显的创作者个人的水印，就已经声明图片作者，双方协商，授权后，方能使用。搜索引擎搜出来的图片不要随意使用，对未经授权的图片进行简单的调色等，也属于侵权。

6.4.2 图片的比例

网页中图片的常用比例有：16：10、16：9、4：3、3：2、1：1。

（1）1：1。1：1是传统的120胶片画幅，也叫大画幅。这种比例构图更简明，可以突出被摄物体，因此，许多电商的产品主图都是采用这种比例。

（2）3：2。3：2的比例源于135胶卷的比例。由徕卡相机进而成为相机界的通行比例。

（3）4：3。随着摄影器材的发展，很多小型相机（例如微型单反相机）和我们现在使用的手机拍出的照片，长宽比都是4：3。因在一些新闻网站中，需要展示大量真实照片，采用这种比例，照片无须经过裁剪，可以减少不必要的工作量。

（4）16：9。16：9是根据人体工学的研究，发现人的两眼的视野范围是一个长宽比例为16：9的长方形，因此，这个比例也成了电视机、显示器的常用比例。

6.4.3 只使用高质量的图片

现在，高质量、高分辨率的图片比以往任何时候都更加必要和重要。用户不会花时间看图片质量差的网站。高质量的网站中，优秀的图片是其中最关键的元素，绝对不能疏忽。

高质量的图片可以作为首页大图，大图像能更好地表现细节，形成视觉焦点，传达的感情更为强烈。小图像显得简洁精致，有点缀和呼应作用。大小对比强烈，给人跳跃感；大小对比减弱，则页面显得稳定、安静。

课后习题

1. 举例说明不同图版率的网站给人的不同印象。
2. 思考在一个网页中，如何搭配不同风格的图像元素。

第7章
网页文本

PPT 课件

本章学习目标

理解网页设计中字体、字号选择的特殊性，掌握网页设计中基本的文本编排技巧，并能够从用户需求出发，进行有层次、有重点的信息设计。

文字是网页中传达信息的重要元素，承载着比图形、色彩等视觉元素更丰富、更具体的信息。在网页设计中，选择适当的字体、字号、字距、行距，对改善阅读感有至关重要的作用。实际上，由于大量文本可以用html代码直接设置，设计师往往会忽略网页文字的设计，甚至认为网页文字无设计，这显然是错误的想法。

网页文本设计的第一步，是对文本信息进行提炼与归类。网页文本根据功能，可分为标题、引文、注释、交互文本、导航文本、广告语等。不同的文本类型应该采取不同的设计策略。设计师可以利用文本尺寸、字体以及排版的不同，展现页面的层次关系。

网页运用块状的文本和有趣的视觉效果，创造了一个非常酷的页面。这种版式很适合黑暗、邋遢的审美。

图7-1 Black Sheep网站

7.1 网页字体的选择

西方的字型学将字体分为Serif（衬线字体）和Sans Serif（无衬线字体）两大类。serif字体指的是那些笔画粗细不同，且笔画末端具有传统装饰的字体，例如Times New Roman，而Sans Serif则更加明快，笔画首尾通常没有剧烈的变化，例如Arial，Helvetica。这样的理论也可以粗略的用于中文字体的分类。例如，宋体可被视为Serif，而黑体则可被作为Sans Serif的代表，但这样的分类并不严谨。由于汉字笔画繁多，笔型变化丰富细腻，哪怕最简明的微软雅黑，笔画也并非粗细一致（图7-2～图7-5）。

常见的印刷字体——宋体和黑体家族，严谨而正式，这些字体不含多余的情感，因此也是比较稳妥的正文字体。宋体在小字阅读中表现优异，而黑体在14px以上的字号中更能凸显美感。各种手写字体、书法字体和美术字体

微软雅黑

微软雅黑中文字体 **加粗中文字体** （24px）
ABCDEFGHIJKLMNOPQRSTUVWXYZ
abcdefghijklmnopqrstuvwxyz
微软雅黑中文字体 **加粗中文字体** （18px）
ABCDEFGHIJKLMNOPQRSTUVWXYZ
abcdefghijklmnopqrstuvwxyz

图7-2 雅黑字体与字号

Arial

ABCDEFGHIJKLMNOPQRSTUVWXYZ(18px)
abcdefghijklmnopqrstuvwxyz0123456789
ABCDEFGHIJKLMNOPQRSTUVWXYZ(16px)
abcdefghijklmnopqrstuvwxyz0123456789
ABCDEFGHIJKLMNOPQRSTUVWXYZ(14px)
abcdefghijklmnopqrstuvwxyz0123456789
ABCDEFGHIJKLMNOPQRSTUVWXYZ(12px)
abcdefghijklmnopqrstuvwxyz0123456789
ABCDEFGHIJKLMNOPQRSTUVWXYZ(10px)
abcdefghijklmnopqrstuvwxyz0123456789

图7-3 Arial字体与字号

具有更强烈的装饰性与个性，是更具情感的字体，考虑到可读性，正文不推荐此类字体，但它们可以作为网页中的表现性元素来使用。

在专业的网页设计里，除了banner、弹出式广告等特殊情况可能会用到特殊字体，网页中的字体最好采用系统自带的标准字体。使用这些系统自带的默认字体虽然无法让网页更具个性，但却能让前端开发人员在排版时高保真还原设计稿的文字效果，保证网页在任何操作系统和浏览器中都能够正确显示，并且加载速度够快。

不同的浏览器、操作系统使用的默认字体不同。英文默认字体中，无衬线的Helvetica、Arial、Verdana和衬线的Georgia、Times比较常见。这些默认的英文字体来自微软的Web Core Fonts，其中包含Andale Mono、Arial、Arial Black、Comic Sans MS、Courier New、Georgia、Impact、Times New Roman、Trebuchet MS和Verdana等。所有1996年之后的操作系统中几乎都免费捆绑了这些字体。网页中默认的中文字体一般是Windows自带的宋体（SimSun），华文细黑是Mac下的默认中文。微软雅黑（Microsoft YaHei）作为Vista之后新引入的屏显字体，字型方正简洁，使用广泛。

在写CSS代码的时候，font-family可以多设置几种字体的优先顺序，以保证网页显示的最佳效果。例如，body{font-family：'Microsoft Yahei'，'Hiragino Sans GB'，tahoma，arial，宋体}，几个字体用逗号隔开，如果系统没有第一种字体，就用第二种，没有第二种，就用第三种，以此类推。

如果想在网页正文中使用特殊字体，需要下载这个字体的文件，将其余网页文件打包在一起，在写CSS的时候进行引用。否则，由于网页的运行环境多样，如果本地系统字库中找不到特殊字体，浏览器就只会选择默认的字体样式显示文本。

此外，特殊字体的应用还有可能引发字体的版权争议，这也是需要设计师仔细甄别的。只有确认可以免费商用的字体，才能自由使用。目前，由谷歌与Adobe合作开发的思源系列黑体，完美覆盖了7种不同的字重，是品质很高的免费字体之一。

7.2 网页字体大小的规范

7.2.1 em和px

在CSS中，常用的描述字体大小的单位有两个，em和px。px为像素单位，10px表示10个像素大小，在网页设计中，px常被用来表示字体大小，方便且直观。em为相对尺寸，根据基础字体大小进行相对的处理。例如，浏览器默认的字体大小为16px，如果一段文字指定1em，那么就代表16px大小，而2em就是32px大小。由于em的相对性，在跨平台、跨设备的字体大小处理上很有优势。

7.2.2 最小字号——12px

网页设计中，传统的正文字号大小一般为12~14px，然而随着显示器分辨率的不断提高，12px的文字在屏幕上显得太小，难以阅读。在现今的网页设计中，12px的文字基本用于日期、版权等注释性内容；网页的正文字号，普遍选用14px。正文之外的标题栏、导航栏等的文字大小，没有特别的限制。小标题字号为16px，大标题字号为18px、20px、24px、32p均可。

7.2.3 宜选偶数字号

由于奇数大小的文字表现和适配都不好做，因此，网页设计中的字号大小倾向于用偶数。

7.3 网页字体的搭配

由于数字阅读的碎片化特征，网页文本设计需要特别注意协调性与整体性。不仅单一页面内的字体搭配需要强调和谐的美感，各页面之间的字体也需要保持一致性。

7.3.1 尽量少的字体

超过3种不同的字体会让网站看起来结构松散且布局混乱。因此，在设计网页时，应尽量把字体的种类限制到最少。

7.3.2 同样的字型，不同的字重

如果希望增加更多变化，可以选择同样字型，不同的字重彼此搭配，例如正文采用黑体，文章标题采用超粗黑，栏目标题采用大黑体。这样的字体搭配主次分明，能够产生丰富而协调的变化。

7.3.3 冲突的字型，让一种成为主导

不同字体之间的搭配，尤其要注意避免字型之间的冲突，较好的方法是保持足够的对比：大小对比，粗细对比，远近对比，色彩对比等，让个性强烈的字体成为绝对主导。

7.4 “悦”读的设计

文本的可读性具体体现在文本的设定上：①字体样式。②文本间距。③行长。④信息层次。

7.4.1 字体样式

字体样式主要包括字体的字型、大小、色彩等。

最适合阅读的字体是宋体。在屏幕阅读中，微软雅黑是专门为屏幕阅读而开发的字型。

个性化的美术字型往往识别度较低，使用这些字体应注意字号适当加大，适用于大小标题、广告语等情景。

字体大小，也是为了阅读的设计需要特别考虑的，一般而言，由于屏幕亮度较高，不适合长时间阅读，因此保证屏幕阅读舒适度的字号要稍大一些。14号字的阅读效果比较合适。

彩色的文本更容易被注意到，但这样的文字只适用于重点强调的关键词或可点击的超链接文本。

另外，保证字体的颜色与背景的明度对比大于50%，是字体可识别的重要保证。只有通过合适的对比增强内容的可识别性，才能让用户快速理解并吸收信息，增强用户阅读的体验感。然而，过于强烈的对比（纯黑纯白）也不合适，会使人感到文字在闪烁。

7.4.2 文本间距

间距设计包括段落文本的字间距、行间距、段间距、栏间距以及留白等的设计。

间距设计很容易被忽视，但良好的间距设计不仅能让文本的表达更加丰富细腻，还可以极大地改善阅读体验。

（1）字间距：由于每种字型的字面不同，因此，缺省的字间距各不相同，以中文为例，楷体字间距较大，而微软雅黑的字间距则非常小，排版时需要根据实际情况进行调整。

（2）行间距：行间距的设置一般为字高的1.2~1.5倍。根据字体、字号的不同，甚至行长的不同，行间距都会有所微调。过紧的行间距会降低阅读速度，因为眼睛会同时注意上下两行，而无法集中精神阅读当前一行的内容。

（3）段间距：段间距的设置一般应大于或等于行间距。合适的段间距能够让眼睛在阅读完一个段落后得到短暂的休息，让阅读更舒适。较长及较宽的段落需要更大的段间距。

（4）留白：可以让文字有足够的空间进行呼吸。在文本周围留出足够的空间可以减少阅读时的压迫感，因为这样读者更容易将焦点集中在内容本身。

7.4.3 行长

文本段落的宽度也就是行长，也是影响阅读的重要因素。

一般而言，行长受到栏宽的限制。文本太长容易使人感觉乏味疲劳，而且一行读完，转行阅读时，经常会因为视线移动距离过大而找不到下一行的开头，从而产生负面的心理效应。每行太短也会降低阅读的流畅性，迫使读者频繁地换行。对于pc端的网页设计而言，行长设置的基本准则是：英文字体每行60个字符，中文字体每行35~45个字符。此外，行长还应该与其所使用的字号相适应。

7.4.4 信息层次

合理的信息层次是提升阅读体验的重要手段，让页面能使人瞬间明白易懂的好方法是确保所有内容的外观、可视线索都一清二楚，而且能准确地表述页面上内容之间的关系：哪些内容相关，哪些内容是其他内容的组成部分等（图7-4）。

图7-4 和芳苑网站

通过正确区分文字层级，能够让页面信息清晰易懂。文本的关系主要有从属关系、并列关系、先后关系、因果关系等。一般可以通过字体的种类、大小、颜色、粗细、引导符号等方式建立文本的层级（图7-5）。

7.4.5 区分重点

字体的各种装饰手段，字型、大小、颜色、粗细、加下划线、高亮等方式都可以强调文本，尤其是那些可以交互的文本（图7-6）。

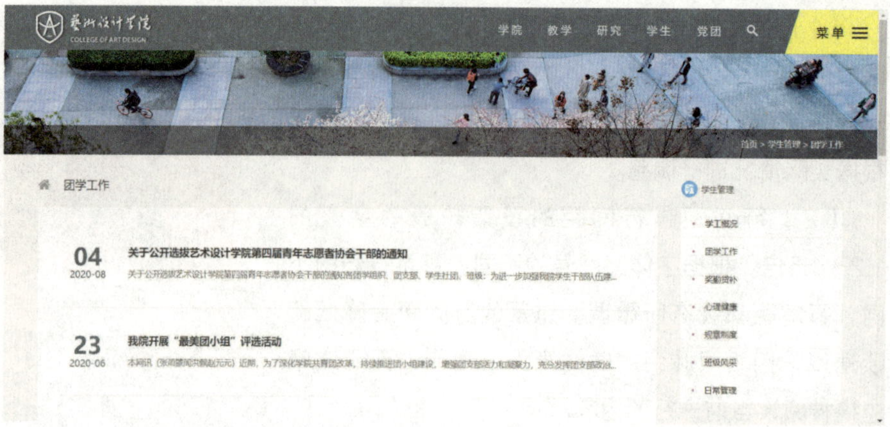

图7-5　艺术设计学院网站

层次的概念是基于格式塔视知觉理论而来。我们的大脑能够根据视觉元素的大小、色彩、对比度和空间位置等因素来区分不同的对象，并且根据这些视觉线索，理解每个元素的重要程度。

图7-6　GUCCI促销网站

右侧的导航文字设计，醒目而且有趣。

课后习题

1. 可交互的文本应该怎样进行有效的设计?
2. 网页字体大小的选择与显示载体、阅读场景等有怎样的关联?

第3部分

网站建设与网页制作

欢迎您从第三部分开始踏上网站建设与网页制作学习之旅！对许多设计专业的同学来说，网站建设可能像一座耸立在远处的小山，找不到上山的路径。我们不妨先站在山脚，尝试去探索网页制作的初步规律，慢慢地也会领略到山上的树木、溪流、山径之美，体会到网站建设与网页制作的快乐。

第8章

代码之前的问题

PPT 课件

本章学习目标

了解学习编写代码的必要性，建立站点需要遵守的规范，常用的网站开发软件，为网页代码学习做准备。

8.1 我需要学怎样编写代码吗？

初学网页设计的同学都会有疑问，我做网页视觉效果图，还需要学代码吗？这个问题，我们可以从网页的发展历史和设计流程两个方面来看：

首先，从网页的发展历史来看。1990年，Sir Tim Berners-Lee，一个欧洲核研究组织的英国计算机科学家创造了第一个网页。它基本上是一个基于文字附带少量链接的页面，它告诉了人们万维网World Wide Web是什么（图8-1）。

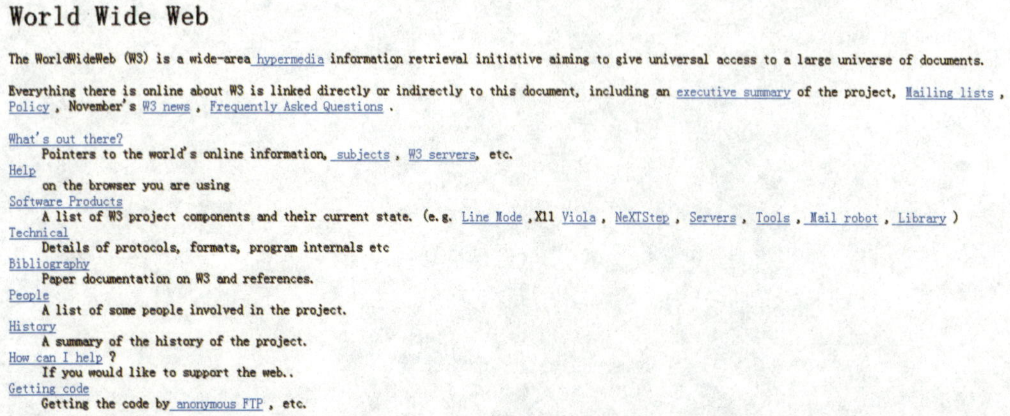

World Wide Web

The WorldWideWeb (W3) is a wide-area hypermedia information retrieval initiative aiming to give universal access to a large universe of documents.

Everything there is online about W3 is linked directly or indirectly to this document, including an executive summary of the project, Mailing lists , Policy , November's W3 news , Frequently Asked Questions .

What's out there?
    Pointers to the world's online information, subjects , W3 servers, etc.
Help
    on the browser you are using
Software Products
    A list of W3 project components and their current state. (e.g. Line Mode ,X11 Viola , NeXTStep , Servers , Tools , Mail robot , Library)
Technical
    Details of protocols, formats, program internals etc
Bibliography
    Paper documentation on W3 and references.
People
    A list of some people involved in the project.
History
    A summary of the history of the project.
How can I help ?
    If you would like to support the web..
Getting code
    Getting the code by anonymous FTP , etc.

图8-1 World Wide Web网站

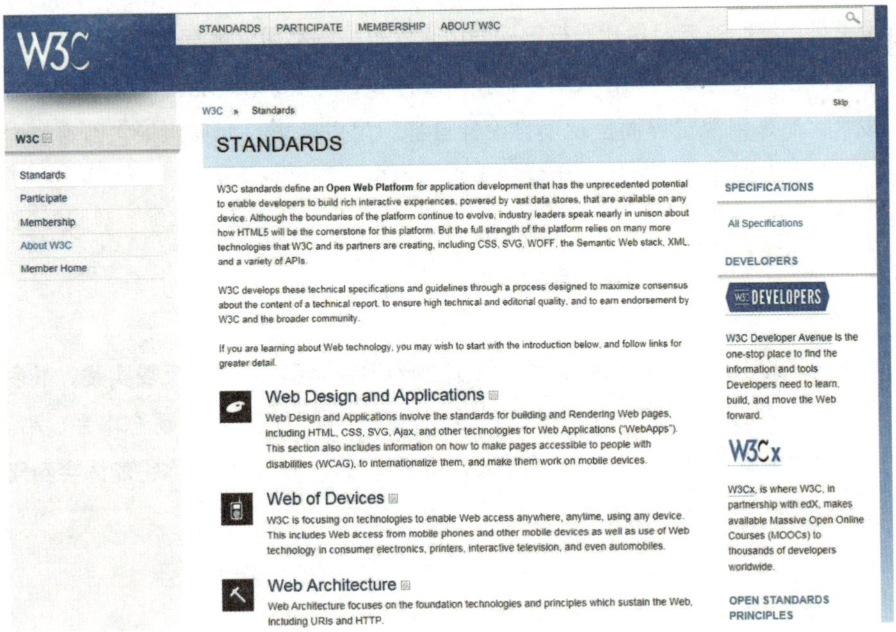

图8-2　W3C组织主页https://www.w3.org/

后来的网页除了文字和链接外，又可以插入图片、表格元素，创造了更多的可能性。

1994年，W3C组织创立，建立了网页标准，主要致力于阻止私人公司建立自己的网页语言而使网络造成混乱（图8-2）。直到今天，还在发布关于开放性网页的制作标准，诸如H5和CSS3。

所有这些都意味着，网页设计需要标准化，即使1000个人来做，也都应遵循相同的规则。

其次，网页设计不仅是一门艺术，也是一门技术。通常一个项目是由产品经理、UX设计师、Web前端开发工程师、Web后端开发工程师共同合作完成的。现在的Web前端技术可以实现更好的效果，带给用户更好的使用体验。另外，从网页的工作原理和开发流程来看，设计专业的同学也需要懂点代码，这样设计出来的网页才是切实可以开发出来的，具有更好的用户体验，并方便和后期程序员的沟通和工作交接。否则前后端开发衔接中很容易出现天花板，使界面改动成本增大。

8.2　前端学习方法的建议

8.2.1　先完成再完美

刚开始学习用代码编写网页的同学可能会觉得做网页太呆板，太低级，没关系，我们首先能用代码把它编写出来就很棒，不用求全责备，特别对于艺术设计专业的同学来说，我们毕竟不是程序员，不要求精通java，bootstrap等技术，而是用视觉界面呈现项目设计目标、用户需求。如果想把它做得更完美，我们可以在以后的学习中掌握更多的技巧。

8.2.2 练习，练习再练习

任何知识的学习都需要反复，特别是代码的学习，更需要反复实践。很多学习过代码的同学都有这样的经验，如果搁置一段时间不学，遗忘率会很高。所以希望大家能坚持练习，不怕试误，反复练习，一旦入门，你将能体会到网页的风景是令人心旷神怡的！

8.3 开发前的准备工作

8.3.1 建立站点需要遵守的规范

这里我们以湖北经济学院艺术设计学院网页设计案例为例。

第一，我们要把整个站点的所有文件，包括：图片文件夹、HTML页面、CSS文件夹，脚本文件夹，媒体文件夹等都放在一个总的根文件夹中。这样当我们把根站点发布到互联网时，所有文件才能正确显示。

第二，文件夹命名标准化、规范化，如图片文件夹，我们命名为images，在图片文件夹中，又需要规范命名各个图片文件，比如logo.png，banner.jpg等。如果同一类图片很多，可以使用序号，比如在学生设计作品页面需用到上百张图片，这时，可以分别命名为works_001.jpg，works_002.jpg等，这样在编写代码时可以根据序号直接键入，不必为了找一个文件大费周章，也方便设计和程序人员协同开发网站。具体如下：

切片命名规范

主页图片命名：

index_（功能属性+描述）.png或home_xx.png，如：index_bg.png（首页背景图片，bg是背景background的缩写），index_menu_recommended.png

导航栏按钮（nav）：

nav_（功能描述）.png，如：nav_menu_pre.png

图标命名（icon）：icon_xxx.png

图片命名：pic_xxx.png

照片命名：pho_xxx.png

左侧导航：

leftbar_（功能描述）.png，如：leftbar_info_pre.png

按钮：

btn_（功能描述）.png，如：btn_enter_pre.png

列表命名规范：

list_（功能描述）.png，如：list_menu_pre.png

8.3.2 切图

在设计了页面效果图的基础上，主要使用Photoshop的切片工具来切图。具体可以先围绕效果图中所需图片拉出辅助线，取得用户所需的切片。再使用切片工具拖曳切出所需图片，最后存储为web所用格式。Photoshop会自动生成一个images文件夹，我们只需按上一点所讲规范命名就好。

8.4 准备开发环境

编写网页代码前，需要准备好开发工具。只有在适宜的工作环境下，HTML5的开发才能够做到事半功倍。本书推荐Dreamweaver或Atom软件。

8.4.1 Dreamweaver

这款软件的优点在于简便，直观，功能丰富。一方面，它有一个设计视图功能，可以通过可视化插入或拖拉元素的方法来制作页面，能够降低学习代码的负担，为不熟悉代码的初学者提供了良好的开发支持。另一方面，它也有代码编辑视图，且智能化程度高，如键入相应的代码，软件会自动补全或出现相应的提示，另外还可以对照实时视图操作，享受所见即所得的开发便利，当然也可以通过F12快捷键帮助我们随时预览页面效果（图8-3）。

可以在右侧折叠面板区“文件”面板新建一个站

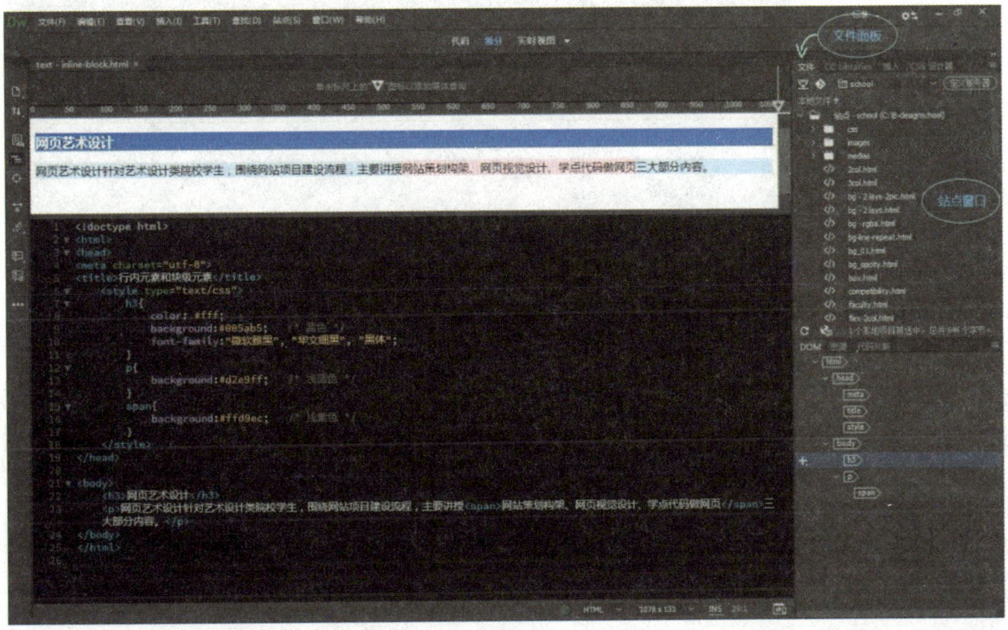

图8-3 Dreamweaver界面的文件面板

点文件，再到这个站点的根文件夹中新建图片文件夹和网页页面文件等其他文件夹。

代码视图下，不同类别的代码分别以不同的颜色显示，层次清晰，一目了然。

页面制作过程中，还可以通过右侧折叠面板的DOM面板按照HTML标记的结构来检查代码。

选择菜单栏“文件”下拉菜单中的“新建”，可以看到如图8-4所示的对话框，新建文档面板的启动器模版预先设置好了基本的代码结构，方便快速制作网页。

8.4.2 Atom

初学者经过一段时间的学习，对HTML5，CSS标签较为熟悉之后可能会偏向于选择手写代码这一阶段，大家可以选择使用像Atom，Notepad，Sublime，Visual studio code等这样的纯代码开发工具。特别像Atom这样的软件都是免费且开源的，直接在官网https://atom.io/可以免费下载，其具有体积小、响应速度快、输入智能等优点。

让我们打开Atom（图8-5）。

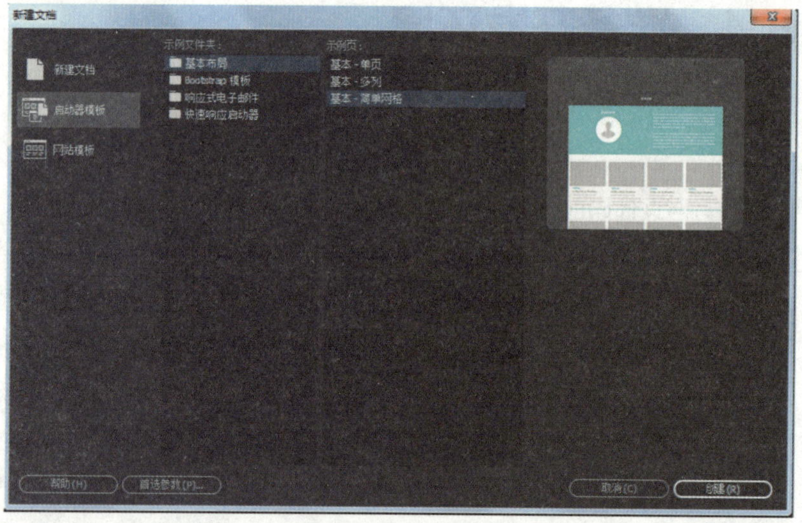

图8-4　启动器布局模版

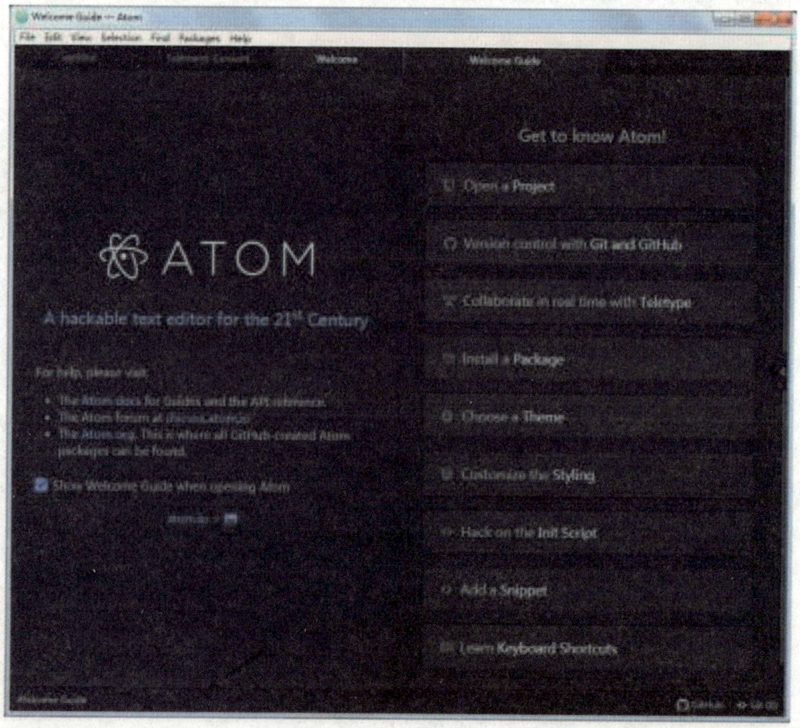

图8-5　Atom界面

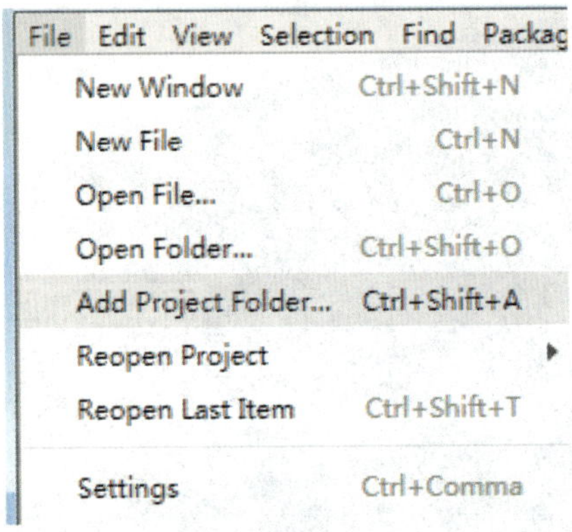

图8-6　新建项目文件夹

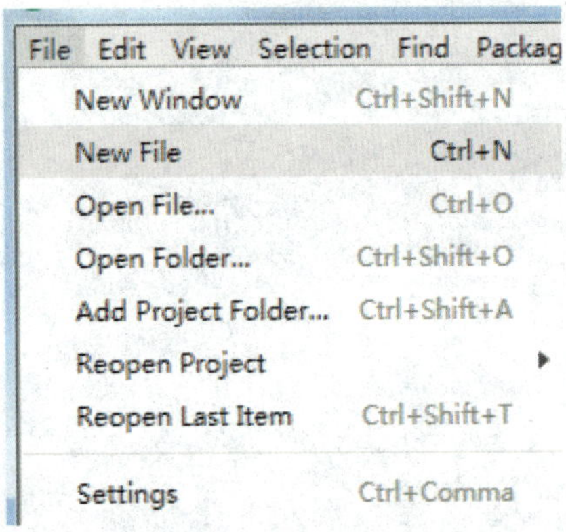

图8-7　新建页面

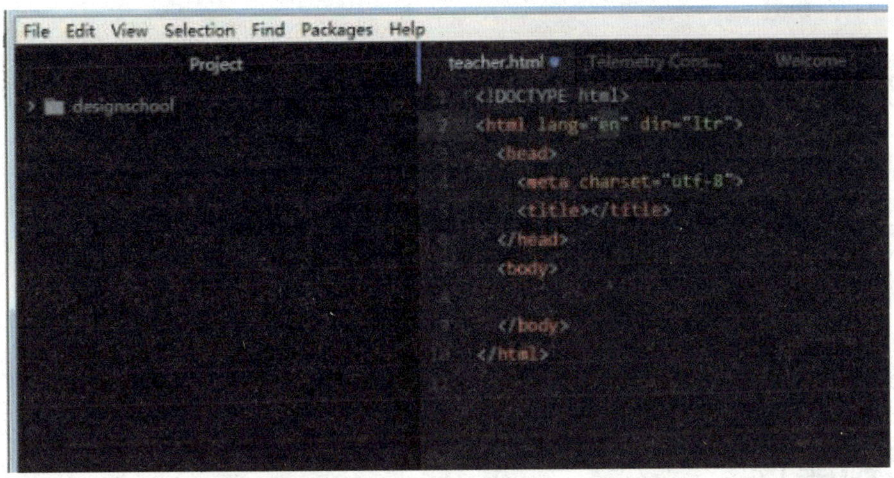

图8-8　Atom的智能性

第一步，我们可以新建一个站点文件夹，在菜单栏点击File文件|Add Project Folder新建项目文件夹，把所有的页面、图片文件夹、CSS文件夹、js文件夹都放到这个根文件夹里（图8-6）。

第二步，点击File|New File新文件，新建一个页面文件，并点击File|Save保存，命名为teacher.html（图8-7）。

第三步，在打开的html页面中键入“html”文字，并点按键盘上的tab键，html被扩展。默认情况下，Atom会基于当前输入的代码智能地补全其余部分，使编写工作更有效率（图8-8）。

如要预览页面在网页浏览器中呈现的效果，只需在Atom中直接用鼠标左键拖曳文档标题到浏览器URL栏。另外，这款软件还有一大优点，就是各种插件很多，为快速设计网页提供方便。

课后习题

1. 用代码编写网页前需要做哪些准备工作？
2. 网站开发有哪些常用软件？下载一个试用看看。

第9章

HTML——页面结构与内容

PPT 课件

本章学习目标

熟悉HTML标记和属性设置，尝试编写有文字、图片、链接、列表、表单和媒体的页面，初步了解页面布局元素。

9.1 HTML标记和属性

9.1.1 HTML标记

HTML是Hyper Text Markup Language的缩写，中文为“超文本标记语言”，是一种标准通用的标记语言，主要用来编写网页文件，“超文本”就是指页面内可以包含图片、链接，甚至音乐、程序等非文字元素。形式是表示网页元素的英文字母加上尖括号<>，一般成对出现，如在页面中创建一个2级标题（图9-1）：

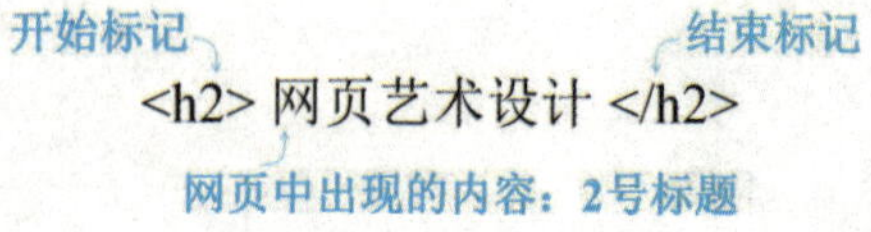

图9-1　HTML标记

又如：

<p>网页艺术设计...</p>

<p>...</p>则表示在页面中插入了一个文本段落。开始标记为<p>，结束标记为</p>，中间是段落文字。结束标记与开始标记的文字内容一样，但多一个“/”。

少数标记也可以单独使用，称为单标记，是指用一个标记符号即可完整地描述某个功能。如：<hr>，表示创建一条水平线，还有<img>、<input>、
等。

9.1.2 HTML属性

一些HTML标记可以设置参数，称其为属性，一般定义在开始标记内，用空格间隔，如在网页中插入一个音频插件时设置音频来源文件，或图片的来源，或链接的网页地址。如：

```
<audio src="medias/christmas.mp3" width="100" height="32"></audio>
```

标记<audio>表示我们在页面中插入了一个音频插件，HTML属性“src”是英文单词source“来源”的简写，表示音频源文件来源于上一级目录medias文件夹中的christmas.mp3这段音乐。播放控件的宽度（width）是100px，高度（height）是32px。

单标记中，<img>标记即“图片image”表示我们在页面中插入了一张图片，属性src表示图片源文件是images文件夹中的logo.jpg这张图片，当鼠标经过图像时会显示文字“标志”字样。

```
<img src="images/logo.jpg"alt="标志">
```

9.2 HTML文档结构

一般来说，一个HTML5页面的基本结构是这样的：

```
<!DOCTYPE html>
<html lang="en" dir="ltr">
  <head>
    <meta charset="utf-8">
    <meta name="Keywords" content="网页设计，网站策划，UI设计，HTML5，数字媒体" >
    <title>网页艺术设计</title>
  </head>
  <body>
    欢迎踏上网页设计之旅！
  </body>  <!--body结束-->
</html>
```

在浏览器中显示效果见图9-2：

超文本标记语言HTML的结构包括“头（head）”和“主体（body）”两个部分，其中“头”部提供关于网页的信息，“主体”部分提供网页的具体内容。

图9-2 标题与正文

<head>标记用于定义HTML文档头部所要显示的内容，也称头部标记，主要用来封装其他位于文档头部的标记，如<title>、<meta>、<link>、<style>等，像一张身份证，用来描述文档的标题、作者，及与其他文档的关系，这些代码一般不会作为页面内容呈现给浏览者，除了<title>是显示于浏览器窗口顶部的标题。

其中<meta>标记还可以设置网页的关键词，方便网络用户通过搜索引擎输入关键词搜索页面。因为有些搜索引擎限制关键字或字符的数目，当超过了限制的数目时，它将忽略所有的关键字，所以最好只使用几个精选的关键字，如我们的案例中对网页艺术设计网站的关键词设置，注意关键词之间需用逗号间隔。

<body>标记部分则包含了所有要呈现给浏览者的内容信息，如图9-2中，我们在一对<body></body>标记之间键入“欢迎踏上网页设计之旅！”，那么浏览器中的页面便会显示相应文字。<body>标记也称为正文标记或主体标记。

另外，在编写HTML代码时，为了提高代码的可读性，通常会加上注释<!--注释文字-->，特别是当前页面的代码很多、结构复杂的时候，可以方便开发者整理HTML结构，注释中的文本不会显示在浏览器窗口中。

9.3 HTML页面元素

我们用一个表格把网页常用元素和对应的意义归纳一下（表9-1），方便大家查阅。接下来会针对几个常用的页面元素具体讲解。

表9-1　　网页常用元素及其意义

	元素	意义
头部标记	<html></html>	创建一个HTML文档
	<head></head>	设置文档标题及其他不在WEB网页上显示的信息
	<meta http-equiv="refresh" content="10">	设定当前页面每隔10s自动刷新
	<meta name="keywords" content="..." >	在文档头部设置关键词，以便用户在搜索引擎中根据关键词搜索该页面
	<title></title>	将文档的题目放在标题栏中
正文标记	<body></body>	设置文档的可见部分
	<h1></h1>	创建最大号的标题
	<h6></h6>	创建最小号的标题
	<span></span>	行内分区标记
	<a href="URL"></a>	创建一个超链接
	<a href="mailto:EMAIL"></a>	创建一个自动发送电子邮件的链接，mailto：后接一个电子邮件地址
	<p></p>	创建一个新的段落
	<b></b>	字体加粗
	 	插入一个回车换行符
		空格
	<nav></nav>	创建一个导航
	<ul></ul>	无序列表
	<li></li>	列表项目
	<img src="name">	添加一个图像
	<hr>	创建一条水平线
	<marquee></marquee>	跑马灯效果文字或图片
	<time></time>	添加日期和时间
	<!-- -->	注释，一般是给程序员看的
	<form></form>	创建所有表单
	<input type="submit" />	提交按钮
	<input type="radio" />	单选按钮
	<input type="checkbox" />	创建复选框
	<audio controls></audio>	插入一个HTML5的audio
	<video controls></video>	插入一个HTML5的video
布局标记	<div></div>	创建一个布局盒子
	<main></main>	创建主体布局盒子
	<aside></aside>	创建侧边布局盒子
	<article></article>	布局元素，可包含文图混排
	<section></section>	布局元素，可包含几个article
	<table></table>	创建一个表格
	<tr></tr>	开始表格中的一行
	<td></td>	开始一行中的一个单元格
	<footer></footer>	创建底部布局盒子

9.3.1 文字

在网页中想把文字正确地显示出来，离不开HTML标记。如在“9.1.1 HTML标记”中讲过的2号标题标记<h2>和段落标记<p>。

值得一提的是，换行标记
和段落标记<p>。以下列代码为例：

```
<body>
  <p>网页艺术设计</p>
  <p>网页艺术设计课程为培养学生的专业核心能力——网站策划与建设、网页视觉设计与信息处理提供专业理论知识和基本的技术支持。<br>在教学内容上，围绕项目建设流程，分为<b>网站策划构架、网页视觉设计、网站建设制作</b>三大部分，并及时更新。</p>
</body>
```

预览效果见图9-3。

可以看见段落间距比行间距大，<b></b>可使其标记内字体加粗，合理使用这些标记，会使文本更有层次，用户阅读更轻松。另外，段落标记<p>必须成对使用，而换行标记
则是单标记。

9.3.2 图片

图片标记<img>是少数不需要成对出现的单标记之一。网页中使用的图像可以是gif、jpg、png、webP、bmp、tiff等格式的图像文件。属性src表示图片源文件来源于哪级目录的哪个文件夹，属性alt表示浏览页面时，当鼠标停留在图片上，会显示提示文字“标志”。

```
<img src="images/logo.jpg" alt="标志">
```

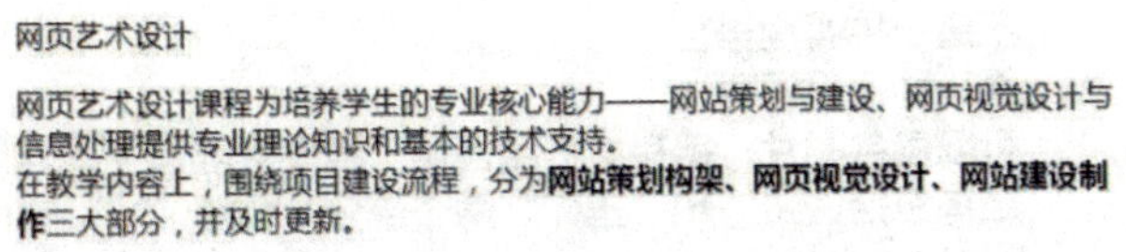

图9-3　段落间距、行间距、加粗

9.3.3 链接

9.3.3.1 创建链接

在页面中添加超级链接可以通过添加<a>标记和href属性来实现，如给“W3C组织”文字设置链接到W3C组织主页面：

```
<a href="https://www.w3.org/" target="_blank">W3C组织</a>
```

<a>表示在页面中设置了一个超级链接，属性href设置了链接的地址。属性target则定义了当点击链接后，以什么方式打开新的页面，一般有“_blank”和“_self”两种方式。“_blank”意味着保留当前页面，在一个新页面中打开点击的链接；“_self”则意味着新打开的页面会以覆盖当前页面的方式呈现。

9.3.3.2 内部与外部链接

链接分为两种方式：一个是外部链接，也叫绝对链接；另一个是内部链接，也叫相对链接。

外部链接包含“https://”，指互联网上的完整网址，例如，我们可以给“百度”这两个文字设置绝对链接：

```
<a href="https://www.baidu.com/">百度</a>
```

在Deamweaver中按F12预览，当点击“百度”文字时，可以打开百度搜索的页面。

内部链接，顾名思义，当点击链接时，实现的是根站点文件夹内部的页面或文件之间的链接。

总结起来，内部链接的相对路径分为以下两种：

第一，目标页面和当前html页面处于同一目录文件夹：只需输入文件的名称即可，如在文字链接<a>师资队伍</a>中定义一个属性href，链接到根文件夹内的师资队伍页面：

```
<body>
    <a href="faculty.html">师资队伍</a>
</body>
```

第二，如需链接更上层目录文件夹中的文件：输入文件夹名和文件名，之间用“/”隔开，如：

```
<a href="/education/faculty.html">师资队伍</a>
```

9.3.3.3 不同对象的链接

针对不同的对象，可以有不同类别的链接，如文字链接、图片链接、下载链接、电子邮件链接、锚记链接等，下面介绍几个常用的。

（1）图片链接即点击图片后可以打开相应页面，形式如下：

```
<a href="https://www.hbue.edu.cn/"><img src="images/logo.jpg"></a>
```

（2）下载链接常见于网页下载软件或文档等资料，形式如下：

```
<a href="网页艺术设计.docx">网页艺术设计</a>
```

在浏览器中点击链接，会自动弹出新建下载任务面板（图9-4）：

（3）电子邮件链接形式如下，点击后可以给该邮件地址写邮件：

```
<a href="mailto:电子邮件地址">联系我们</a>
```

9.3.4 列表

为了使网页信息排列更有序清晰，可以用列表的形式，如淘宝商城首页的商品服务分类。HTML语言提供了3种常用的列表元素，分别为有序列表<ol>、无序列表<ul>和定义列表<dl>。

（1）有序列表<ol>意为ordered list，其各个列表项目<li>即list按照一定的顺序排列，如网页中游戏或歌曲的排行榜都可以通过有序列表来定义：

```
<ol>
  <li>绝地求生</li>
  <li>和平精英</li>
  <li>王者荣耀</li>
  <li>明日之后</li>
</ol>
```

在浏览器中显示效果见图9-5。

（2）创建无序列表<ul>和有序列表<ol>类似，不同只是列表项目前不是数字序号，而是项目符号。如：

```
<ul>
  <li>首页</li>
  <li>学院概况</li>
  <li>机构设置</li>
  <li>师资队伍</li>
  <li>学生工作</li>
  <li>优秀作品</li>
</ul>
```

预览效果见图9-6。

把无序列表<ul>结合导航标记<nav>、链接标记<a>并设置css，通常我们可以做出美观实用的导航菜单。

（3）<dl>用于创建定义列表，但列表项目前没有任何数字序号或项目符号。<dt>和<dd>并列嵌套于<dl>中，<dt>指定术语名词，<dd>用于对名词进行解释和描述。如图9-7所示的代码和预览效果。

```
<dl>
  <dt>超文本标记语言</dt>
    <dd>不是一种编程语言</dd>
    <dd>是一种标记语言</dd>
```

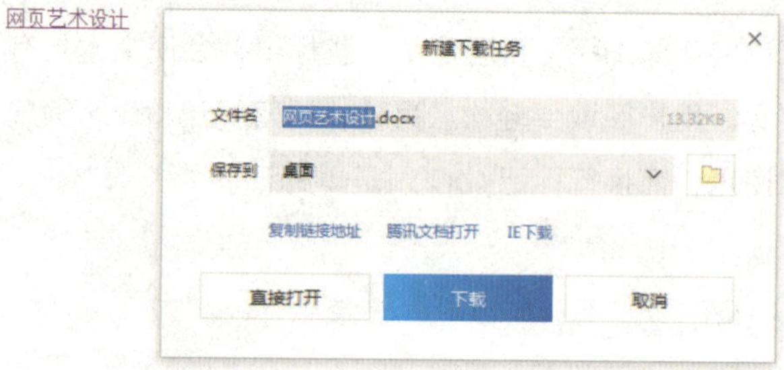

图9-4 下载链接

1. 绝地求生
2. 和平精英
3. 王者荣耀
4. 明日之后

图9-5 有序列表

- 首页
- 学院概况
- 机构设置
- 师资队伍
- 学生工作
- 优秀作品

图9-6 无序列表

超文本标记语言
　　不是一种编程语言
　　是一种标记语言
　　可以包含图片、链接，甚至音乐、程序等非文字元素
　　结构包括“头”和“主体”两个部分

图9-7 定义列表

```
<dd>可以包含图片、链接，甚至音乐、程序等非文字元素</dd>
<dd>结构包括“头”和“主体”两个部分</dd>
</dl>
```

9.3.5 表单

听到“表单”，大家可能比较陌生，其实在互联网上随处可见，如注册页面中的用户名、密码输入框，问卷调查页面中的单选按钮、复选框、下拉列表等，这些用户填写或选择的数据形式都是表单。

表单有两个组成部分：访问者在页面上可以看见并填写的控件、标签和按钮等的集合；以及用于获取信息，并将其转化为可以读取或计算的格式的处理脚本。我们主要关注前一个部分。

9.3.5.1 总表单域<form>

一般来说，所有表单项目都需要放在总的表单<form>里，以便服务器端把表单项目进行相应的发送邮件或获取的操作。form开始标记可以有一些属性，其中最重要的就是action和method。

action属性用于指定接收并处理表单数据的服务器程序的url地址。如下面的代码表示提交表单时，表单数据会传送到名为"form_action.asp"的页面去处理。

```
<form action="form_action.asp" method="get">
```

action属性还可以以电子邮件的形式传递出去，如：

```
<form action="mailto:123@sohu.com" method= "post">
```

这里，属性method用于设置表单数据的提交方式，其取值为get或post。采用get方法，浏览器会与表单处理服务器建立连接，然后直接在一个传输步骤中发送所有表单数据。

如果采用post方式，浏览器将与action属性中指定的表单处理服务器建立联系，再按分段传输的方法将数据发送给服务器。post方式保密性好，并且无数据量的限制，所以大多数情况下，都可以使用post。

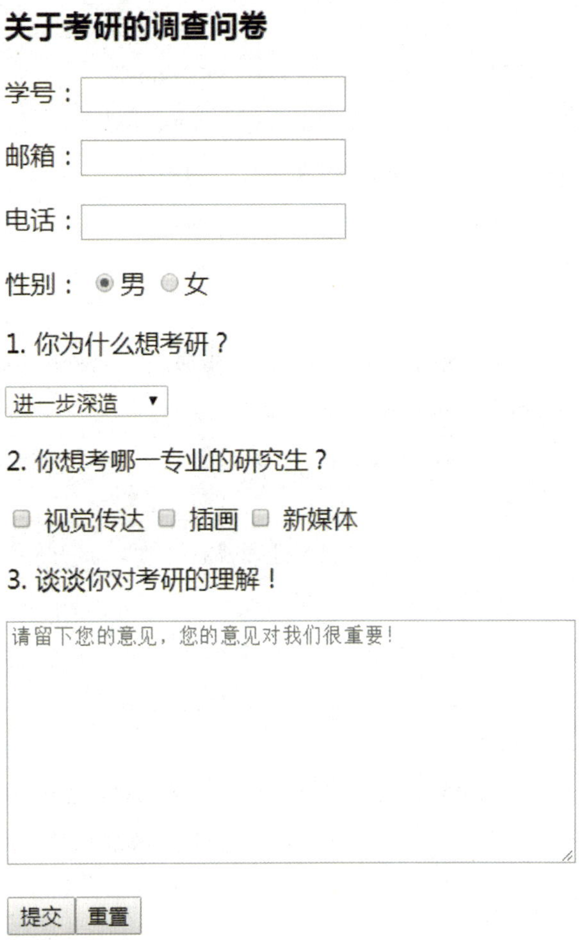

图9-8 表单

9.3.5.2 各表单项目

为了有一个直观的印象，先看一个表单页面（图9-8）：

为了做出这样的页面，代码是这样的：

```
<body>
<h3>关于考研的调查问卷</h3>
<form action="mailto:123@sohu.com" method="post" enctype="multipart/form-data" >
    <p><label>学号：<input type="text"></label></p>
    <p><label>邮箱：<input type="email"></label></p>
    <p><label>电话：<input type="tel"></label></p>
    <p>
  <label>性别：
```

```
        <input type="radio" name="RadioGroup1" value="男" checked="checked">男</label>
        <label><input type="radio" name="RadioGroup1" value="女">女</label>
      </p>
      <p>1. 你为什么想考研？</p>
      <select>
        <option value="进一步深造" selected="selected">进一步深造</option>
        <option value="将来好就业">将来好就业</option>
        <option value="延缓就业时间">延缓就业时间</option>
      </select>
      <p>2. 你想考哪一专业的研究生？</p>
      <p>
    <label><input type="checkbox" name="CheckboxGroup2" value="视觉传达">视觉传达</label>
    <label><input type="checkbox" name="CheckboxGroup2" value="插画">插画</label>
    <label><input type="checkbox" name="CheckboxGroup2" value="新媒体">新媒体</label>
      </p>
      <p>3. 谈谈你对考研的理解！</p>
        <textarea name="textarea" cols="40" rows="8" placeholder="请留下您的意见，您的意见对我们很重要！"></textarea>
      <p><input type="submit" value="提交"><input type="reset"></p>
    </form>
    </body>
```

对照上面的内容，我们再来分别看看每个表单项目的创建方法：

（1）<input type="text">用于创建一个文本输入框，一般用于填写用户名、昵称等。

（2）<input type="email">用于创建一个填写e-mail地址的文本字段。

（3）<input type="tel">则创建了一个电话输入框。

<label></label>套在文本输入框的外部，可以为输入框添加一个标签，相当于文字说明。如<label>学号：</label>内套<input type="text">，“学号：”出现在输入框前，表示输入框里填写学号。

（4）<input type="radio">用于创建一个单选按钮。后面跟随的属性name="RadioGroup1"表示这是单选按钮组中的第1个按钮，2个单选按钮只可选其一。value="男"表示这个单选按钮的值是“男”，checked="checked"表示该单选按钮初始状态是已勾选。

（5）<select>表示创建一个下拉列表或菜单，<option>则是下拉列表里的选项，案例里，我们给出了包含“进一步深造”在内的3个选项，属性value="进一步深造"表示该选项的值为“进一步深造”，属性selected=“selected”表示下拉列表的默认初始值是“进一步深造”。

（6）<input type="checkbox">用于创建一个复选框，与单选按钮的不同之处在于，单选按钮一般只能选一个，而复选框可以多选。上面的案例中，属性name="CheckboxGroup2"表示3个复选框是1组，可以在“视觉传达、插画、新媒体”3个选项中任意选择1个或多个。

（7）文本区域<textarea>用于创建一个大段文本输入框，属性cols="40" rows="8"表示每行可以输入40个英文字符，共8行。属性placeholder="请留下您的意见，您的意见对我们很重要！"表示文本区域里的默认初始值，提示用户输入对考研的理解，一旦开始输入文字，文本区域会以空白状态显示。

（8）我们在网页上常见的搜索条就常使用placeholder来提示用户输入关键词：

```
<input type="search" name="" value="" placeholder="请输入关键词">
```

（9）<input type="submit" value="提交">表示创建了一个提交按钮，<input type="reset">是重置按钮的标记，即重新填写表单信息。

值得一提的是常用的密码输入框的创建：

```
<form action="form_action.asp" method=
```

```
"post" enctype="multipart/form-data">
    <p><label>姓名：<input type="text"></
label></p>
    <p><label>密码:<input type="password">
</label></p>
    <p><input type="submit"value="登录">
<input type="submit" value="注册"></p>
  </form>
```

效果见图9-9，可以看见密码框中的文字是以黑点方式显示的。

最后，针对Dreamweaver再介绍一种更简便创建表单项目的方法，可以直接在菜单栏“插入”下拉菜单中找到“表单”的子项目，或者在右侧折叠面板区用“插入”面板选择相应表单项目也可以创建（图9-10）。

9.3.6 媒体文件

9.3.6.1 添加音频文件

HTML 5支持的音频文件格式，包括wav、mp3、mp4、ogg等。在网页中添加带控件的单个音频文件代码如下：

```
<audio src="medias/christmas.mp3" autoplay
loop controls ></audio>
```

其中，属性autoplay表示自动播放，属性loop表示循环播放，属性controls表示添加浏览器为音频设置的默认控件。预览见图9-11。

但不是所有支持HTML 5的浏览器都支持mp3格式的音频，为了获得所有浏览器的支持，至少需要准备两种格式的音频文件，浏览器会忽略它不支持的音频格式，而选择播放它支持的格式。这里我们要用到

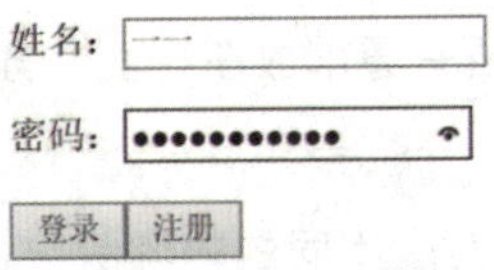

图9-9 密码输入框

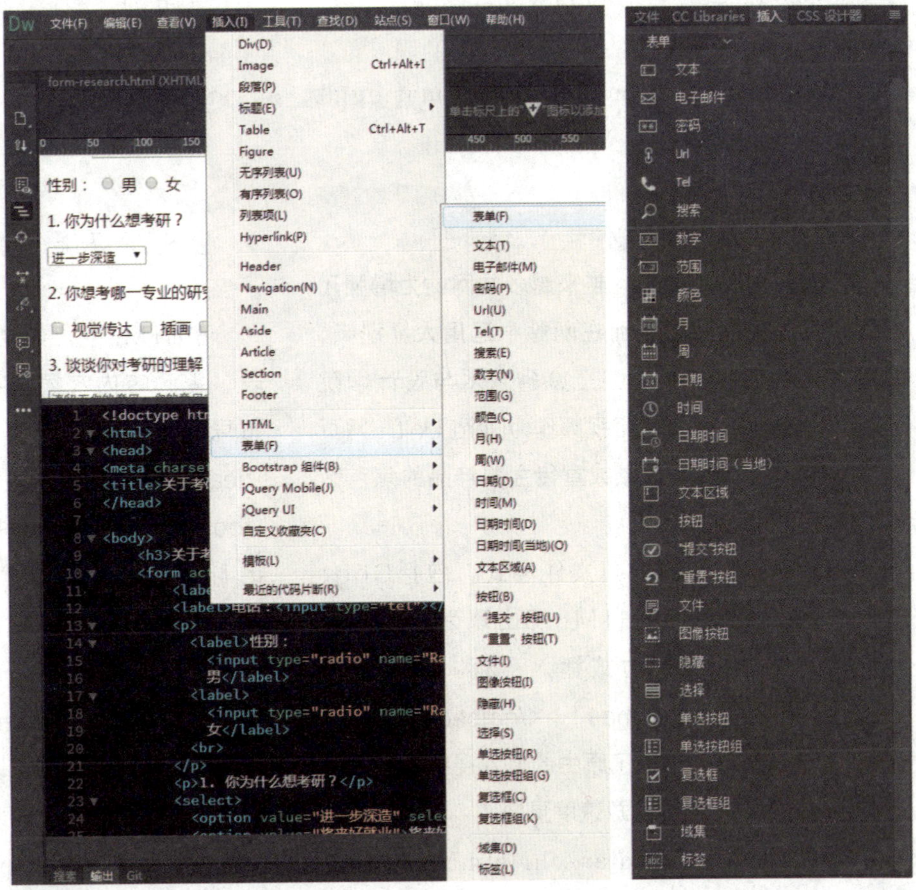

图9-10 Dreamweaver插入表单

图9-11　音频播放控件

图9-12　麻省艺术与设计学院网页

<source>标记，因为1个audio元素中可以包含任意数量的source元素，因此，为我们的音频定义两种不同的格式是相当容易的，当然，在编写代码前，需要准备好两种不同格式的同一音频保存在根文件夹中。

```
<audio controls>
    <source src="medias/christmas.mp3"
type="audio/mp4">
    <source src="medias/christmas.ogg"
type="audio/ogg">
</audio>
```

9.3.6.2　添加视频文件

随着5G时代的到来，越来越多的网站为增强用户体验、促进品牌营销而在网站中运用大量视频，如淘宝网的购物视频，甚至麻省艺术与设计学院https://massart.edu直接把视频作为Hero Unit（网页偏上方用于展示品牌形象或宣传主要产品的焦点区域）使用（图9-12）。

HTML 5支持的视频文件格式，包括Ogg、Mp4、WebM等。在HTML 5出现之前我们一般使用第三方插件的方式插入视频：<embed src=" medias/cola-ad.mp4" ></embed>。HTML 5改变了这一情况，引入了原生的嵌入视频，这样播放控件内置到浏览器，播放速度更快：

```
<video src="medias/christmas.webm"
controls></video>
```

与音频一样，我们至少要提供两种格式mp4和WebM的视频文件，才能确保获得所有兼容HTML 5浏览器的支持，让不同的访问者都能正常使用：

```
<video width="380" height="200">
    <source src="medias/cola.mp4" type=
"video/mp4">
    <source src="medias/cola.webm" type=
"video/webm">
</video>
```

9.3.7　布局元素

在HTML中，如果想把文字、图片、表单、列表、视频等内容摆放在页面相应的位置，需运用布局元素。布局元素包括div和语义化标记头部（header）、版块（section）、侧边栏（aside）、页脚（footer）等，有的版块还包括更加次级的语义化标记（article）。布局元素将页面内容分组管理，使文档结构清晰明确，当然，后面要配合CSS使用，这里介绍几个常用的元素：

（1）头部（header）元素是一种具有引导和导航作用的布局元素，可以包含所有通常放在页面上方的内容，包括logo、搜索条、主导航等。

（2）版块（section）元素对应不同的内容版块，比如网页上常见的最新公告版块、综合新闻版块等，一个页面中section元素可以出现多次，其下还可以包含article元素。

（3）article元素代表文档、页面或应用程序中与上下文不相关的独立部分，常用来定义一条新闻、一篇日志，或用户评论等。section元素通常使用多个article进行划分。

（4）侧边栏（aside）元素用来定义当前页面或文章的附属信息部分，它可以包含与当前页面或主要内容相关的引用、侧边栏、广告、侧导航条等其他类似的、有别于主要内容的部分。<aside>标记的用法主要分为两种：一是被包含在article元素内作为主要内容的附属信息；二是在article元素之外使用，作为页面的附属信息部分，最常见的形式是侧边栏，其中的内容可以是侧边栏导航、友情链接、广告等。

（5）页脚（footer）元素用于定义一个页面的底部区域，包含版权信息等内容。

（6）<div>标记是HTML最常用的标记之一，可以把页面分割为独立的、不同的部分，称为区隔标记。div是一个块级元素，这意味着它的内容自动开始一个新行。实际上，换行是<div>固有的特定格式表现，可以通过CSS应用额外的样式。

在HTML 5强烈要求代码语义化的大背景下，我们一般会优先使用头部、导航、版块、侧边栏、页脚等语义化区块元素，div被视作“最后的解决方案”。而语义化标记不能解决的问题，不能标记的内容，都可以用div元素容纳。

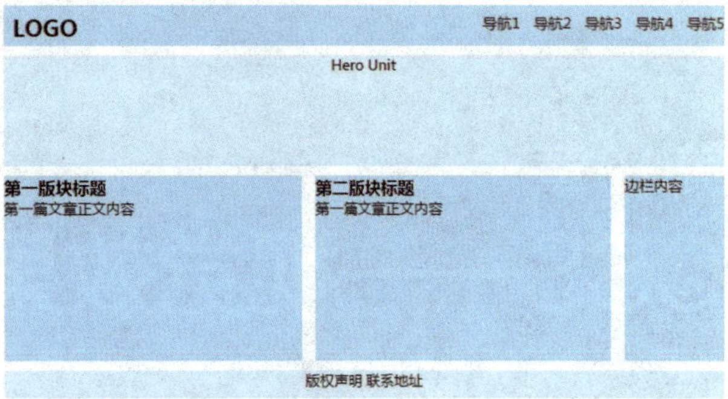

图9-13　常规的网页页面排版

如图9-13所示是一个常规的网页页面排版，运用了header、section、aside、footer等布局元素，结合CSS样式定义布局元素的属性，具体的用法我们将在第11章页面布局中讲解。

其中第一版块的HTML代码如下，可以看到，每一块的内容都用一个布局元素包裹：

```
<section>
    <article>
      <h3>第一版块标题</h3>
      <p>第一篇文章正文内容</p>
    </article>
</section>
```

在本章中我们使用HTML制作的页面内容看起来还比较“low”，那是因为我们还没有添加CSS的缘故，所以下一章，我们进入CSS的学习。

课后习题

1. 什么是HTML标记？其属性该如何设置？
2. 怎样设置外部链接和内部链接？怎样设置文字链接、图片链接、下载链接和电子邮件链接？
3. 尝试编写一学校网站主导航的列表项目HTML代码。
4. 制作“关于考研的调查问卷”表单页面。

第10章

CSS——视觉效果

PPT课件

本章学习目标

1. 掌握CSS样式的定义方法。
2. 尝试为文图等页面元素添加CSS样式，如字体字号、颜色、背景、文图编排等。
3. 了解盒子模型，利用内外边距和边框设计文图排版样式。
4. 背景与图像的属性设置。
5. 元素在页面或区域内的几种定位方式。

在上一章，我们演示的案例在视觉上都没有吸引力，这是因为我们只定义了HTML，而没有使用CSS样式。如图10-1所示的两个页面，图（a）是没有设置CSS样式的纯HTML页面，图（b）是定义了CSS后的页面。

CSS是迄今为止最强的排版语言，定义了HTML以什么方式来显示，可以说HTML是骨架，CSS是皮肤，而把HTML和CSS分开定义，使网站更容易维护和快速下载，更利于搜索引擎优化。一个前端设计师可以不甚了解Javascript，也可以不甚了解HTML 5，但绝不能不了解CSS。

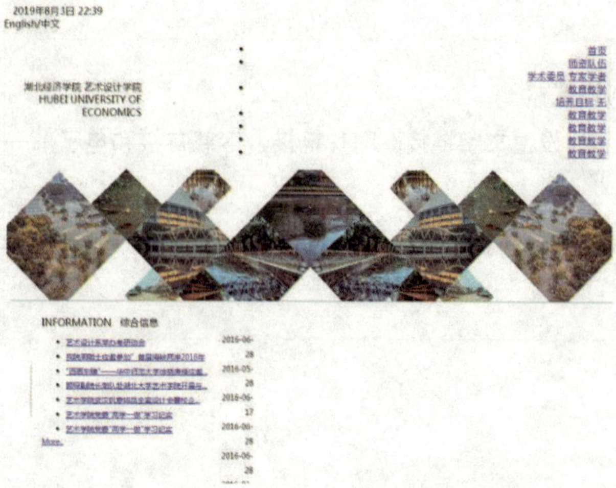

（a）

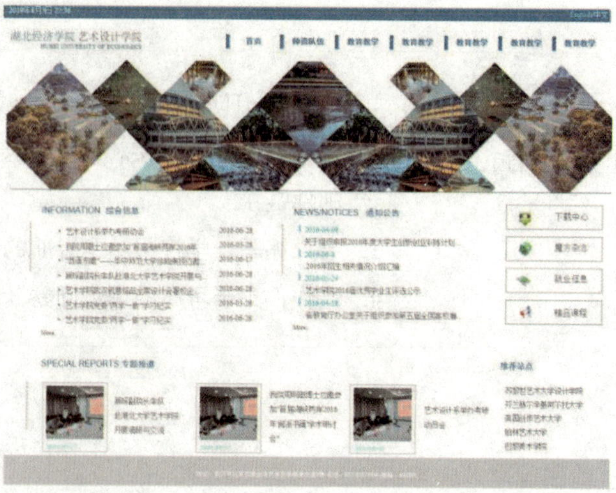

（b）

图10-1　无CSS和定义了CSS的页面比较（图片来源：湖北经济学院艺术设计学院学生贾忆鑫　刘茜设计）

10.1 CSS基础语法规则

CSS语法应用规则构成如图10-2所示。

在这段CSS样式定义中，为文本输入框input设置了声明，每个CSS规则都分为两个部分：选择器selector和声明块declaration block。选择器决定对什么元素或对象定义CSS，声明块用｛｝括起来，决定这一元素或对象的属性，每个属性及其相应的值构成一条声明，以分号结束。

以一个搜索条为例，来介绍CSS的定义规则。如图10-3所示是纯HTML定义的搜索条。

HTML代码我们在上一章中已学过：

```
<body>
  <form action="mailto:123@sohu.com" method="post" >
    <p><input type="search" placeholder="请输入关键词"></p>
  </form>
</body>
```

而图10-4所示是经过CSS样式定义的搜索条，是不是区别很大？

从下面的代码中可以看到，所有的CSS代码我们都用一对<style>标记作为容器来容纳，并放置于文档头部<head>的结束标记</head>之前。属性“type”定义了style元素的类型是以文本方式“text/css”进行编辑。

```
<style type="text/css">
  input{
        width: 280px;
        height: 23px;
        border: solid thin;
        border-radius: 10px;    /* 设置圆角矩形数值 */
        background: url ("images/icon_search.png") no-repeat 248px #fff;
        padding-left: 10px;
      }
</style>
</head>
```

其中，属性“width:280px;”表示搜索框的宽度为280px，“height: 23px;”表示高度为23px。

圆角细线搜索条的精髓在于设置“border: solid thin; ”表示边框border样式为实线（solid）、细线（thin），并且我们给边框设置了一个10px的圆角数值“border-radius: 10px;”，以产生一个精致的圆角矩形，这也是近几年颇为流行的样式。

background属性定义了背景图像（这里是一个放大镜图像）的来源路径url、背景图像是否重复no-repeat、背景图像与搜索框的左内边距为248px，背景颜色为白色#fff。

padding-left属性给边框添加了10px的左侧内边距，使输入的文本与左侧边框之间留出了10px的空隙。

保存并浏览页面，就可以看到效果了，当然也可以根据页面效果进行调整。

另外，在编写CSS代码时，为了提高代码的可读性，特别是在团队协作的情况下，通常会加上/*注释文字 */，注释中的文字不会显示在浏览器窗口中。

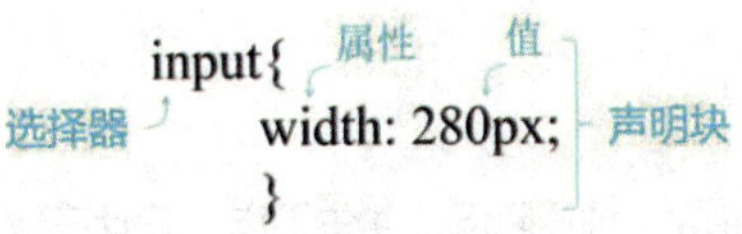

图10-2　CSS语法

图10-3　没有定义CSS的搜索条

图10-4　CSS样式定义的搜索条

10.2 CSS的选择器

要想将CSS样式应用于特定的HTML元素，首先需要选择目标元素。选择器决定样式规则应用于哪些元素。例如，如果要定义所有文字链接a的颜色，就需要创建1个只识别a元素而不影响代码中其他元素的选择器。如果要对每个区域里的文字链接中的某几个a设置特殊的颜色，就需要稍微复杂一点的选择器。一般分为以下3种方式。

10.2.1 元素选择器

元素选择器是指用HTML元素名称作为选择器，如body、p、nav等。以下面的html代码为例：

```
<nav>
  <a href="#">首页</a>
  <a href="#">学院概况</a>
  <a href="#">教学科研</a>
  <a href="#">师资队伍</a>
  <a href="#">学生工作</a>
  <a href="#">设计在线</a>
</nav>
```

没有定义CSS样式的预览效果如图10-5所示。

我们给这段html设置CSS样式：

```
a {
  color:black;
  text-decoration:none;
  font-family:"微软雅黑";
  padding-left: 15px;
}
```

这里，把HTML元素a作为选择器，大括号里定义了页面中所有文字链接a的样式为：文字颜色为黑色black，文本装饰样式是“无”，即没有下划线（因为默认文字链接的样式是蓝色文字带下划线），字体font-family是“微软雅黑”，每一个文字链接的左边间距为15px。效果如图10-6所示。

元素选择器定义CSS样式的优点是能快速为页面中同一元素指定样式，同时这也是它的缺点，不能设计差异化样式。

另外，如果要对几组不同的元素应用相同的样式规则，可以将相同的声明同时用于几个选择器。如下面同时为段落文本p、链接文本a定义样式，p和a之间用逗号间隔：

```
p, a {
    color:black;
    font-family:"微软雅黑";
}
```

10.2.2 类选择器

类选择器使用“.类别名称”指定使用CSS的对象，首先我们可以在HTML标记中设置类别为class="green"：

```
<nav>
    <a href="#">首页</a>
    <a class="green" href="#">学院概况</a>
    <a class="green" href="#">教学科研</a>
    <a class="green" href="#">师资队伍</a>
    <a href="#">学生工作</a>
    <a href="#">设计在线</a>
</nav>
```

相应的，类选择器使用“. green”选择所有属

图10-5 无CSS的文字链接

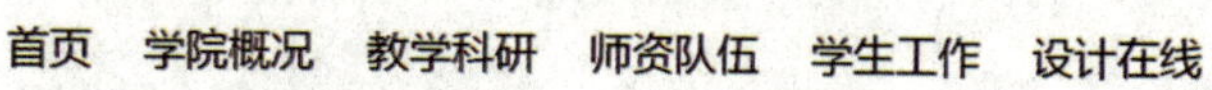

图10-6 元素选择器

于green类别的元素，也就是所有在开始标记中指定class= “green” 的元素。CSS为：

```
.green {
        color: #5cadad;   /* 蓝绿色 */
        text-decoration: none;
        font-family: "微软雅黑";
        padding-left: 15px;
}
```

效果如图10-7所示：

类选择器最大的优势是可以只为指定了这个类别名称的对象应用同样的CSS，既有个性化设置，又可以针对指定了这个类别名称的对象多次使用。如在上面的案例中为3处a元素设置class，那么这3处的文字链接都会显示相应的样式，而其他的文字链接依然是默认样式。

10.2.3　id选择器

id选择器为某一特定元素指定了id名称，且只有这一元素应用CSS样式。首先要在HTML中对应用CSS样式的对象设置id名称，如在“教学科研”这条文字链接的开始标记中指定为id= “red”：

```
<nav>
    <a href="#">首页</a>
    <a href="#">学院概况</a>
    <a id="red" href="#">教学科研</a>
    <a href="#">师资队伍</a>
    <a href="#">学生工作</a>
    <a href="#">设计在线</a>
</nav>
```

接下来，选择器选择id为“red”的这个元素定义样式：

```
#red {
    color:#red;
    text-decoration:none;
}
```

可以看到，id被命名为“red”的文字链接在预览中显示为红色、无下划线样式（图10-8）。

一个id在一个页面中只能出现一次。而一个class可以出现任意次数，所以我们推荐class选择器而不推荐id选择器，你可以针对尽可能多的元素反复使用class选择器的样式。

10.2.4　伪类选择器

除了3种主要的选择器类型外，在CSS中还有一些附加的选择器，如伪类选择器。

伪类选择器是在上述选择器的基础上，加上用以指定元素状态的关键字，并在选择器与关键字之间用英文“:”间隔，最常用的一种伪类选择器是用于链接元素a的hover选择器，定义了当鼠标经过该文字链接上时文字显示为红色：

```
a:hover{
    color: red;
}
```

还有我们在网络上经常见到的已经访问过的链接，其颜色与未点击时的链接颜色有所不同，帮助浏览者区分已点击内容：

```
a:visited{
    color: gray;   /* 灰色 */
}
```

图10-7　类选择器

图10-8　id选择器

10.3 使用CSS的方式

10.3.1 内部CSS

内部CSS是将所有的CSS代码集中写在当前HTML文档的头部<head>标记中，并用<style>标记定义，像上面所讲的搜索条案例，这样的CSS我们称为内部CSS。具体操作为：

在<head>标记中，添加一对<style>标记，将type属性设置为“text/css”。接下来，在HTML中指定class或id，再根据不同的CSS选择器定义不同样式。

10.3.2 外部CSS

如果样式数量很大，此时，我们将CSS样式都放在<head>的<style>标记中，势必会使得HTML页面的代码显得复杂和冗长。为了使CSS样式得到更好的整理，也为了让多个页面都能应用相同的CSS样式，一种良好的习惯是将样式和HTML区分开来，把所有样式代码放在外部的CSS文件中，然后在HTML文件中引入样式文件。具体操作为：

在根目录下新建一个文件夹，并命名为CSS；再新建一个文件，将其保存在CSS文件夹中并命名为css.css，在该css文件中直接编写CSS样式代码：

```
@charset "utf-8";
/* CSS Document */
input{
        width: 280px; height: 23px;;
        border: solid thin; border-radius: 15px;
        background: url ("images/icon_search.
png") no-repeat 253px #fff;
        padding-left: 10px;
}
```

可以看到，只有第一行是新添加的代码，它用于指定样式文件的字符编码。接下来重要的一步，在</head>标记前或一对<title>后，我们不使用<style>标记，而是使用<link>标记来引入CSS样式文件，代码如下：

```
<link href="css/css.css" rel="stylesheet">
</head>
```

最后效果和内部CSS是一样的。

10.4 文字和图片的排版

接下来，我们先借助比较简单的文字和图片的排版来看看CSS布局的基础知识，在这个基础上再进行页面的布局。

10.4.1 文本样式

文本样式的重要性常常被人忽略，在前端开发中，文本样式决定了页面内容是否轻松易读，让人赏心悦目，特别是当前“内容为王”的时代，文本的层级，即字体、字号、行高、缩进、对齐方式等样式形成的效果尤其重要，所以页面中每一个文本细节都值得精心打磨。

以一段文字为例，介绍一些文本常用属性：

```
<h3>艺术设计学院</h3>
    <p>艺术设计学院现有视觉传达设计、环
境设计、产品设计、动画、数字媒体艺术、艺术设
```

计学6个本科专业。</p>

没有定义CSS之前效果是这样的（图10-9）：

我们首先从简单的入手，试着定义标题h3的大小，即字号（font-size）为20px，标题文字的颜色（color）为蓝色#0066cc，标题背景颜色（background）为浅灰色#F0F0F0，标题高度（height）为50px：

```
<style type="text/css">
  h3{
    font-size: 20px;
    color: #0066cc;    /* 蓝色 */
    background:#F0F0F0;  /* 浅灰色 */
    height: 50px;
  }
</style>
```

效果如图10-10所示。

大家会发现，标题紧贴上边框，怎么让标题垂直居中呢？最简便的方式是设置属性“行高（line-height）”，使行高与高度相等，都是50px：

```
h3{
    font-size: 20px;
    color: #0066cc;    /* 蓝色 */
    background:#F0F0F0;
    height: 50px;
    line-height: 50px;
}
```

预览效果如图10-11所示。

设置字体对于使用中文的用户来说有点小麻烦，因为默认的字库里是没有微软雅黑等中文字体的，但在Dreamweaver中，键入字体属性“font-family:”后

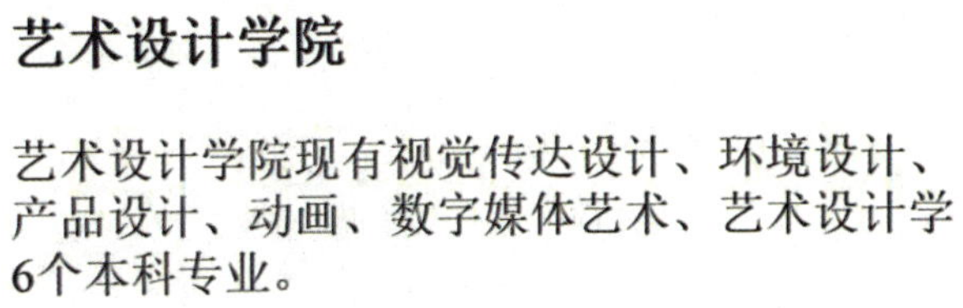

图10-9　无CSS效果文本

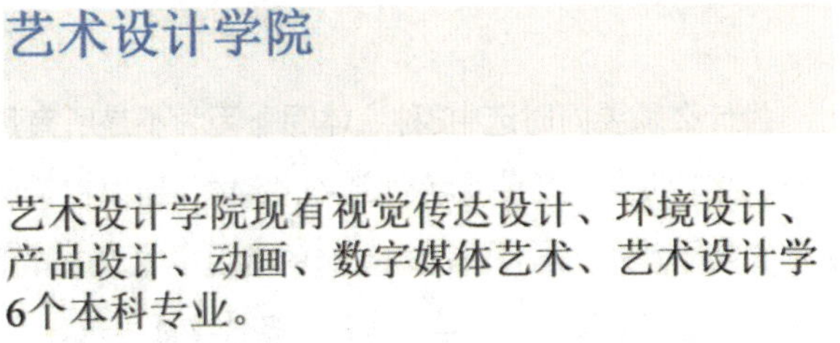

图10-10　定义了字号、颜色、背景、高度的标题

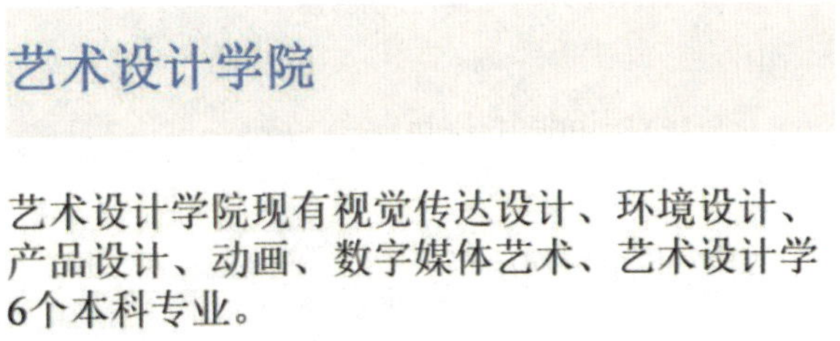

图10-11　定义行高后的标题

会智能弹出快捷菜单，选择“管理字体”，打开“管理字体”对话框，我们可以在“自定义字体”选项中把右侧“可用字体”依次向左加入到“选择的字体”框中，比如我们可以选择“微软雅黑，华文细黑，黑体”到字体列表，点击完成就可以在font-family里找到自定义的字体了（图10-12、图10-13）。

图10-12　管理字体快捷菜单

代码如下：

```
h3{
    font-size: 20px;
    color: #0066cc;    /* 蓝色 */
    background:#F0F0F0;
    height: 50px;
    line-height: 50px;
    font-family:"微软雅黑","华文细黑","黑体";
}
```

为什么需要同时选中3种字体呢？因为不是所有用户端电脑等设备上都装有我们定义的字体，所以在希望使用的字体之外，准备1~2款备选的常用字体，这样用户端设备上即使没有这一款，也能以备选字体显示。

接下来，看看段首空2格怎么定义：属性text-indent表示段落首行文字缩进，后面的值2em表示空2个字符。

```
p{
    text-indent:2em;
}
```

效果如图10-14所示。

10.4.2 块级元素与行内元素

CSS元素有两种类型：一种是块级元素；另一种是行内元素。以一段文字为例：

```
<h3>网页艺术设计</h3>
<p>网页艺术设计对艺术设计类学院学生，围绕网站项目建设流程，主要讲授<span>网站策划构架、网页视觉设计、学点代码做网页</span>三大部分内容。</p>
```

h3和p都是块级元素，默认占据整行的宽度，而span则是行内元素，紧挨着上下文。如果给h3元素设置背景为深蓝色，p元素设置为浅蓝色，span元素设置背景为橙色：

```
h3{
    color: #fff; /* 白色 */
    background: #005ab5;    /* 块级元素背景蓝色 */
```

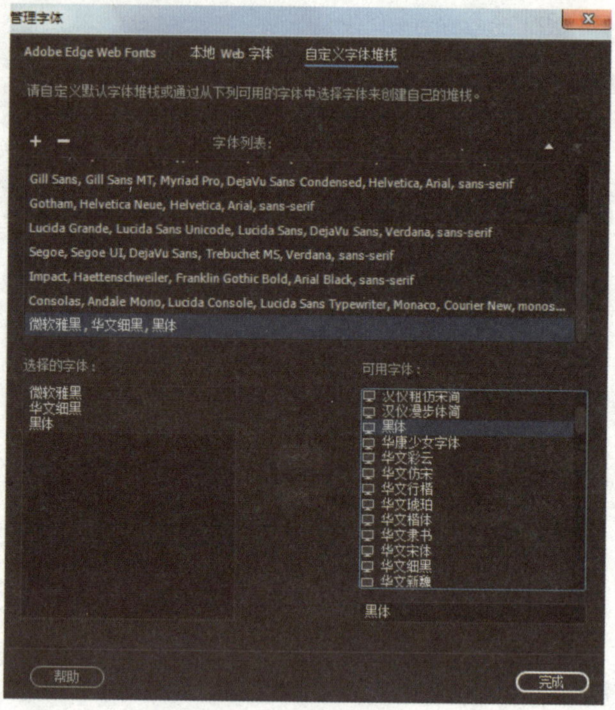

图10-13 管理字体面板

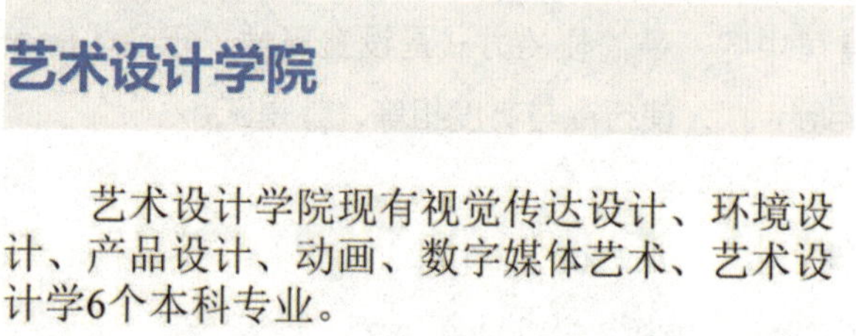

图10-14 段首缩进2个字符

```
}
p{
    background: lightblue;    /* 浅蓝色 */
}
span{
    background: lightpink;    /* 行内元素背景浅粉色 */
}
```

可以很明显地看出行内元素与块级元素的不同效果（图10-15）：

在CSS中，行内元素与块级元素可以由display属性来控制，当定义属性值为inline时为行内元素，当定义属性值为block时为块级元素。可以将h3和p元素这样的块级元素通过display属性转换为行内元素，而把原本的行内元素span转换为块级元素：

```
h3,p{
    display: inline;
}
span{
    background: lightpink;
    display: block;
}
```

由图10-16所示可以看到，之前的行内元素span现在单独占据了一行，不再和上下文紧邻：

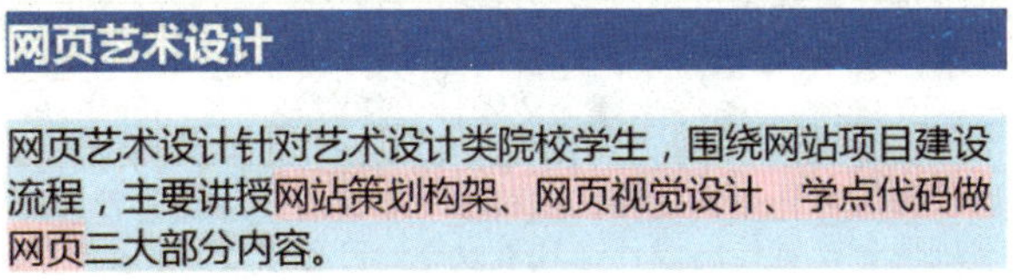

图10-15　span默认为行内元素

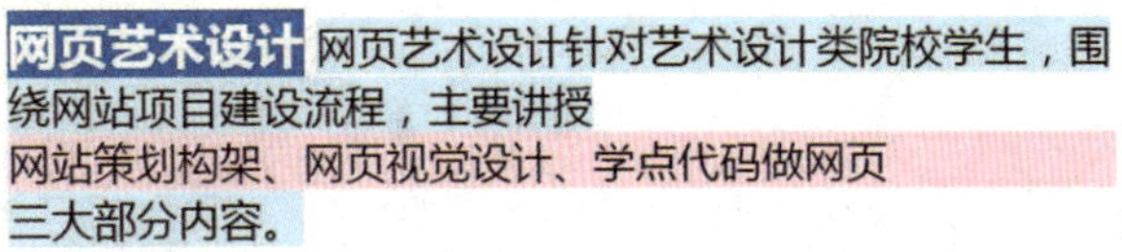

图10-16　span转换为块级元素

10.4.3　元素的左右浮动float

为了更加灵活地布局定位，我们会设置float属性来控制元素的左右布局方向。以下面的内容为例：

```
<img src="images/logo.png">
<p>艺术设计学院自办学以来，始终立足综合院校深厚的人文底蕴……学院现有视觉传达设计、环境设计、产品设计、动画、数字媒体艺术、艺术设计学6个本科专业。</p>
```

我们给p元素定义400px的宽度，方便比较效果：

```
<style type="text/css">
        p{
            width: 400px;
        }
    </style>
```

预览如图10-17所示，这就是最普通的文档流Normal flow，即每一个块级元素各自垂直堆叠，从上至下排布：

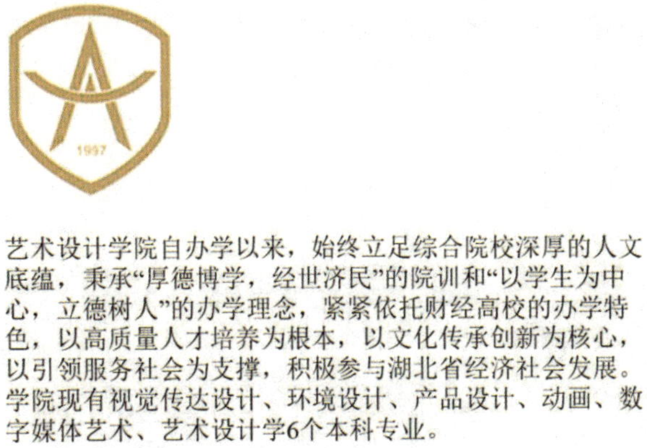

图10-17　没有定义浮动的块级元素

我们试着把img元素定义为向左浮动"float:left"，

```
img{
    float: left;
}
```

这时，文字是环绕图片的，效果如图10-18所示。

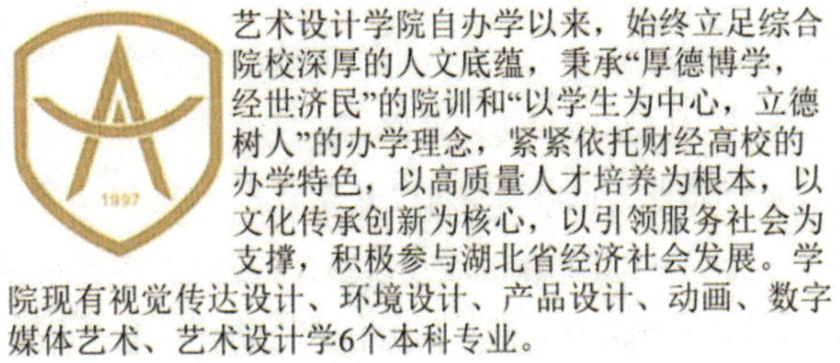

图10-18　设置图片向左浮动

我们再试着把img元素向右浮动：

```
img{
    float: right;
}
```

如图10-19所示，可以看到通过属性float: right，我们把图片安排到了p元素的右边：

如果为段落添加overflow属性为hidden，可以将段落转换为BFC（Block Format Content），即块级格式化内容：

```
P{
overflow: hidden;   /* 溢出的属性定义为隐藏hidden */
}
```

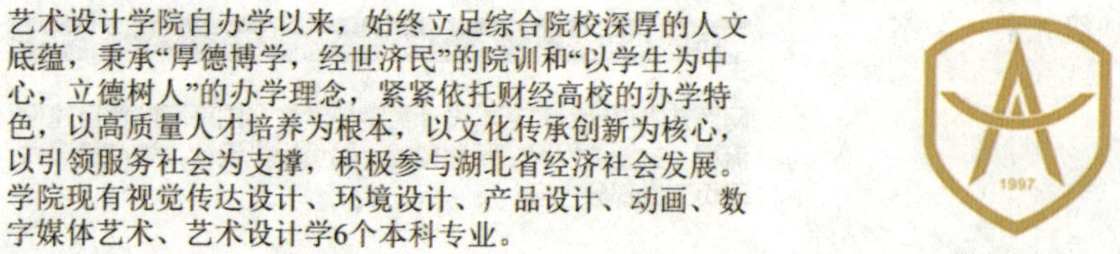

图10-19　设置图片向右浮动

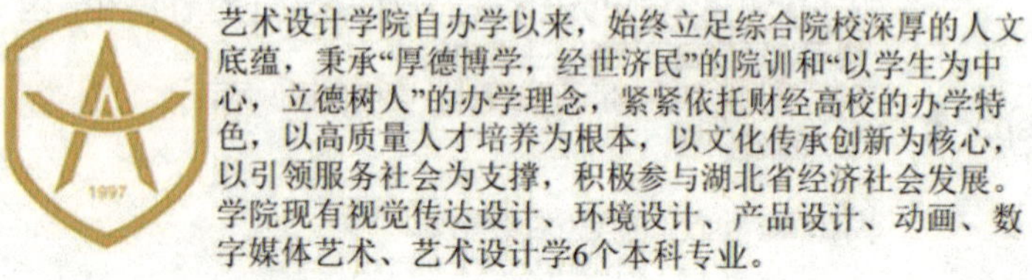

图10-20　块级格式化内容

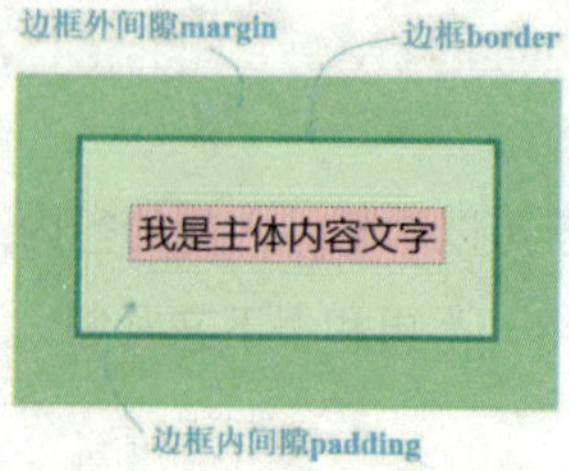

图10-21　盒子模型

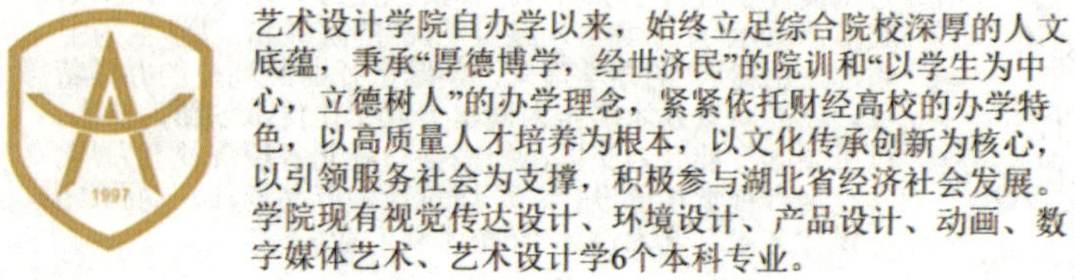

图10-22　定义图片的右外边距

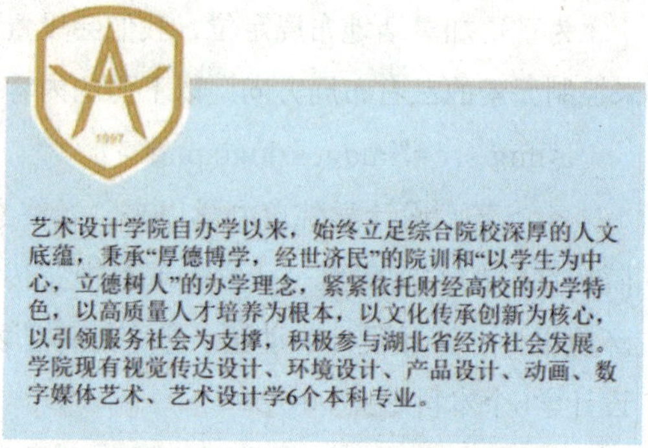

图10-23　上外边距定义为负值的效果

从图10-20所示可以看到，文字不再围绕图片排列，从而清除了img浮动对段落元素的影响。

但是，从图10-20也会发现图片右边与文字靠得太紧，需要让中间留出一些间隙，这个将会用到margin属性的定义。让我们来了解一下盒子模型吧！

10.4.4　盒子模型

CSS处理网页时，它认为每个元素都包含在一个看不见的盒子里，这就是盒子模型Box Model，这里的盒子由主体内容、边框border、内容与边框之间的间隙，即内边距padding、边框与相邻元素之间的外部间隙，即外边距margin构成（图10-21）。

10.4.4.1　外边距margin

外边距一般用于布局元素的定位，比如定义两个元素之间的距离，以上面学院介绍文字和logo图片为例，我们可以给图片设置一个右外边距属性：

```
img{
    float: left;
    margin-right: 15px;
}
```

这样就不会出现图片右边与文字靠得太紧的状况了（图10-22）。

有时利用margin的负值，可以取得如图10-23所示的当前较为流行的效果，即图片悬浮在文字上方。

在HTML代码部分，我们把图片和段落都放在一个section布局元素里面：

```
<section>
    <img src="images/logo.png">
    <p>艺术设计学院自办学以来，始终立足
```

```
综合院校深厚的人文底蕴……学院现有视觉传达设计、环境设计、产品设计、动画、数字媒体艺术、艺术设计学6个本科专业。</p>
    </section>
```

在CSS样式代码中，我们定义section元素的背景为浅蓝色，上边框为5px宽的灰色实线，上方的外边距为60px，这是为悬浮的图片预留出60px的空间。而最关键的步骤就是定义图片img上方的外边距为-60px，将图片向上推出，正好处在section元素上方预留出60px的空间内：

```
img{
    margin-top: -60px;
}
section{
    width: 400px;
    background-color: #d2e9ff;    /* 背景为浅蓝色 */
    border-top: 5px solid lightgray;  /* 上边框宽度为5px，实线，浅灰色 */
    margin-top: 60px;   /* 上方的外边距 */
    padding: 5px 20px;
}
```

另外，利用margin属性，我们还可以让内容在网页页面居中显示，如把section元素在页面居中，可以把左外边距和右外边距都定义为自动auto，那么整个布局元素就会处于预览页面水平居中的位置了：

```
section{
    width: 800px;
    margin-left: auto;
    margin-right: auto;
}
```

10.4.4.2 边框border

我们先用1个定义了宽度和背景色的div元素来看看边框border：

```
.box{
    width: 300px;
    background: lightblue;   /* 背景浅蓝色 */
}
</style>
</head>
<body>
    <div class="box">我是主体题内容文字</div>
</body>
```

效果如图10-24所示。

边框border可以分别设置样式、颜色和宽度。边框样式border-style有实线（solid）、虚线（dotted）、无样式（none）等值可以选择。这里，我们定义边框样式（border-style）为实线（solid），边框颜色（border-color）为蓝色#005ab5，边框宽度为5px。

```
.box{
    border-style: solid;
    border-color: #005ab5;   /* 边框蓝色 */
    border-width:5px;
}
```

预览如图10-25所示。

也可以一次性设置左边框的宽度、样式、颜色：

```
.box{
    border-left: 5px solid #005ab5;    /* 左边框5个像素宽的蓝色实线 */
}
```

预览效果如图10-26所示。

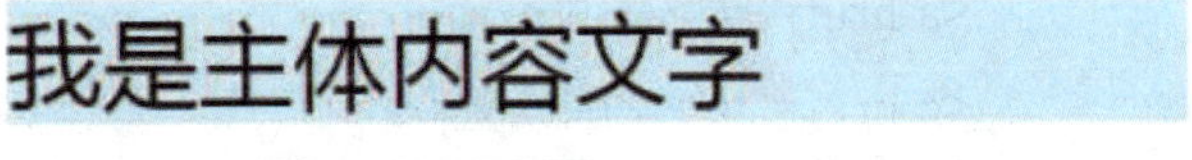

图10-24　设置边框样式之前

图10-25　设置边框样式

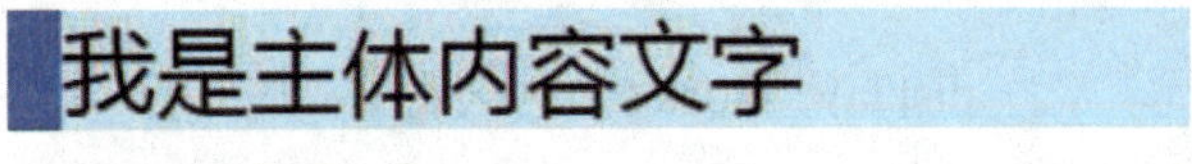

图10-26　设置左边框

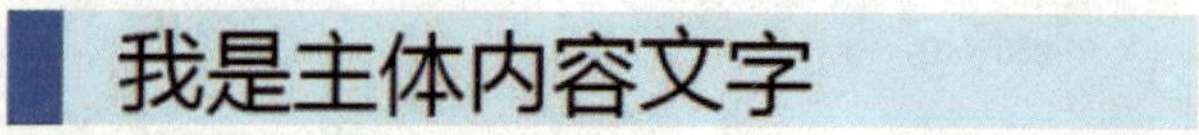

图10-27 设置左内边距

图10-28 设置上右下左内边距

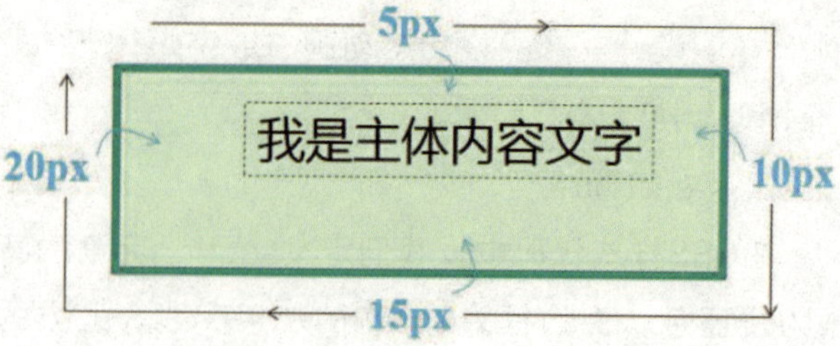

图10-29 padding默认设置顺序

10.4.4.3 内边距padding

接下来是内容与边框之间的间隙（padding）的设置。图10-26中，文字与左边框的距离太近，用左内边距属性来调整：

```
padding-left: 10px;
```

效果如图10-27所示。

如果想要一次性定义上下左右的内边距，有更便捷的方法：

```
padding: 5px 10px 15px 20px;
```

从预览图10-28中可以看到，主体内容文字与上右下左边框之间分别空出了5px、10px、15px、20px的间隙：

通过这个小例子可以知道，CSS的内边距padding是按照上右下左的默认顺序来定义的（图10-29）。

DEMO导航条

运用边框与边距的CSS属性，可以做出很有意思的导航菜单，下面来看一个导航条的代码：

```
<div>
    <a href="#">首 页</a>
    <a href="#">学院概况</a>
    <a href="#">机构设置</a>
    <a href="#">师资队伍</a>
    <a href="#">学生作品</a>
    <a href="#">友情链接</a>
</div>
```

CSS样式定义如下：

```
a{
    display: block;  /* 区块显示 */
    text-decoration: none;
    color: #a62020;  /* 文字深红色 */
    background-color:#ecd8db;  /* 背景浅紫色 */
    text-align: center;  /* 文本居中对齐 */
    font-size: 20px;
    width: 100px;
    padding: 10px 20px;  /* 上下内边距为10px，左右内边距为20px */
    border-bottom: 1px solid #a62020;  /* 下边框宽1px，实线，深红色 */
    border-right: 1px solid #a62020;
    border-top: 1px solid #FCFCFC;  /* 上边框浅灰色 */
    border-left: 1px solid #FCFCFC; }
  a:hover{
    color: #821818;  /* 鼠标经过时文字呈深枣红 */
    padding:11px 21px 9px 19px;
    background-color: #E2C4C9;
    border-bottom: 1px solid #FCFCFC;
    border-right: 1px solid #FCFCFC;
    border-top: 1px solid #a62020;
    border-left: 1px solid #a62020;
  }
```

这里有1个小技巧，未点击状态时的边框border左上浅，右下深，上下内边距padding为10px，左右内边距为20px，模拟了立体的按钮阴影。而鼠标经过状态时，边框border的颜色正好反过来，右下浅，左上深，内边距padding上右下左值为11px、21px、

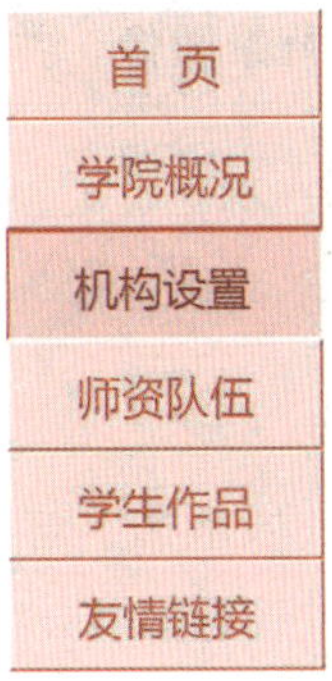

图10-30 利用边框、内边距属性做出有意思的导航条

9px、19px，模拟了按钮按下去的效果，最终预览如图10-30所示。

10.4.4.4 清除内外边距的方法

在页面布局中，padding和margin常常给排版布局带来困扰，所以有时为了避免其干扰，更方便地控制网页中的元素作为布局之用，可使用下列代码清除所有布局元素默认的内外边距：

```
*{
  padding: 0;
  margin: 0;
}
```

或把布局元素如div的属性box-sizing定义为border-box，作为纯边框盒子使用，这样就没有调整padding和margin的麻烦了：

```
div{
  box-sizing: border-box;
}
```

图10-31 背景图像的默认重复效果

10.4.5 背景与图像

10.4.5.1 设置背景图像及其重复、大小

在网页中，图像作为布局元素的背景使用是很常见的，这样在背景图像的上层还可以插入任意的文字或图片，使画面层次更丰富，还可以做出很有意思的效果。

在一个body元素中放置一张背景图像，其CSS语法为“background-image: url ("images/bg.jpg") ;”，url表示图像的来源是网站根目录下images文件夹中的bg.jpg图片：

```
body{
    background-image: url ( "images/bg.jpg" ) ;
}
```

从预览图10-31中可以看到，默认情况下，背景图像会沿着水平和竖直两个方向平铺。

有时，可以借用这种背景默认的平铺做一些有意思的效果，比如把一根线状或一小块点状底纹图片平铺，这样还可以节省网页的流量，因为重复的背景图像只计算一份图像的大小（图10-32）。

那怎么避免这种默认的平铺模式呢？可以通过两种方式使背景图像不重复：

一是可以通过background-repeat属性定义想要的背景重复状态，定义属性值“不重复”no-repeat，这种方法保留了图像的原尺寸：

图10-32 利用背景图像的默认重复

```
body{
    background-image: url ("images/bg.jpg") ;
    background-repeat: no-repeat;
}
```

二是改变背景图像的大小，使其铺满整个布局空间：

```
body{
    background-image: url ("images/bg.jpg") ;
    background-size: cover;
}
```

10.4.5.2　滚动与固定

如果希望背景图像固定在屏幕的某一位置，不随着滚动条移动，可以使用background-attachment属性来设置。background-attachment属性有两个属性值：scroll和fixed，分别表示随页面元素一起滚动和固定在屏幕上不随页面元素一起滚动，如多摩美术大学的官网首页http://www.tamabi.ac.jp/index_j.htm上部的背景图片。CSS设置如下：

```
body{
    background-image: url ("images/bg.jpg") ;
    background-attachment:fixed;
}
```

10.4.5.3　背景颜色透明度RGBA模式

RGBA是CSS3新增的颜色模式，是在RGB红绿蓝3种颜色的基础上添加了透明度参数，语法格式为："background-color: rgba (r,g,b,alpha) ;"。这里，alpha表示透明度，参数为0.0 (完全透明) 到1.0 (完全不透明) 之间的数值。

我们先看一个案例效果图10-33，这也是当前网络流行的文图排版样式。

要做出这样的效果，我们把一段文字放在section元素里：

```
<section>
    <p>如果环境持续恶化，气候持续变暖，我们的星球将不复存在！</p>
</section>
```

接下来，在CSS中设置section的背景图像，并给段落p设置背景颜色透明度：

```
section{
    width: 360px;
    height: 360px;
    padding-top: 240px;    /* 段落文字与section上边框之间的距离 */
    background-image:url ("images/bg.jpg") ;
    background-repeat:no-repeat;
}
p{
    width: 320px;
    height: 80px;
    background-color: rgba ( 255,255,255,0.7 ) ; /* 段落文字的背景色为半透明白色 */
    margin-left: auto;
    margin-right: auto;
    padding:5px;
    text-align: left;
}
```

图10-33　背景颜色rgba透明度模式

10.4.5.4 多重背景图像

我们事先准备好两张图像，一张jpg图像，一张可以放在jpg上层的png图像。HTML代码如下：

```
<div class="one">
    <p>如果环境持续恶化，气候持续变暖，我们的星球将不复存在！摄影：封瑾</p>
</div>
```

然后设置CSS样式，这里最重要的属性是"background-image:url（"images/bg_top.png"），url（"images/bg.jpg"）;"。可以看到，这里的背景图像设置了2张，还有1个关键属性background-position:top, top; 定义了2张背景图像都是靠上对齐。

```
.one{
        float: left;
        width: 360px;
        height: 360px;
        padding-top: 240px;
        text-align: center;
        background-image:url（"images/bg_top.png"），url（"images/bg.jpg"）;
        /* 背景图像设置2张 */
        background-repeat:no-repeat;
        background-position:top, top;  /* 2张背景图像分别是靠上对齐 */
        margin: 5px;
    }
```

最终效果如图10-34所示。

10.4.5.5 任何元素的透明度

在CSS3中，利用opacity属性能够使任何元素呈现出透明效果，参数为0到1的数值，0表示完全透明，1表示完全不透明，0.5表示半透明。如让页面中的段落和图像呈现半透明：

```
p{
        opacity: 0.5;
    }
img{
        opacity: 0.5;
    }
```

效果如图10-35所示。

10.4.6 元素的精确定位position

在CSS中，float属性可以控制元素的左右布局方向，而通过定位（position）属性可以实现网页中元素的精确定位，即将元素放在页面的指定位置。定位（position）属性的值有绝对定位（absolute）、固

图10-34 多重背景图像

图10-35 任何元素的透明度设置

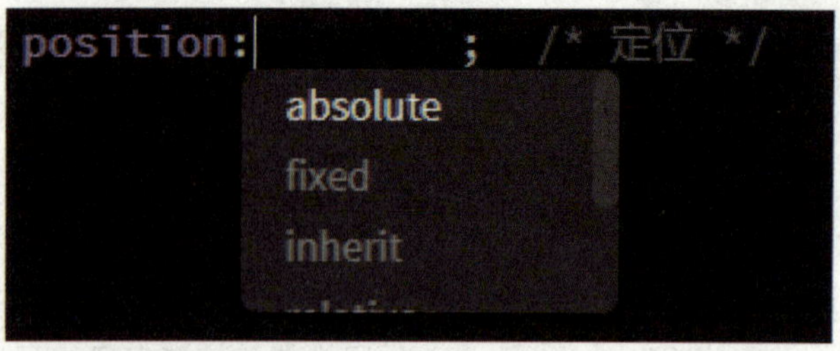

图10-36　定位属性的值

定定位（fixed）、相对定位（relative）、静态定位（static）、黏性定位（sticky）等（图10-36）。

其中，静态定位（static）是元素的默认定位方式，即各个元素在HTML文档流中默认的位置。在静态定位状态下，无法通过边偏移属性（top、bottom、left或right）来改变元素的位置。

这些概念不太好理解，下面我们会用几个案例来看看常用的定位属性的应用场景。

10.4.6.1　绝对与相对定位

绝对定位（absolute）是依据已经定位（固定、绝对、相对定位）的父元素（上一级元素）进行定位。相对定位（relative）是相对于元素在标准文档流中原来的位置进行定位。下面举一例说明。

首先在1个父元素div里定义3个子元素div，分别用蓝色和紫色以示区分：

```
<style type="text/css">
    .father{
        background-color: lightblue;  /* 浅蓝色 */
        padding: 10px;
    }
    .child1, .child2, .child3{
        width: 90px;
        height: 30px;
        background-color: lightpink;  /* 浅粉色 */
        margin: 10px 0px;
    }
</style>
</head>
<body>
  <div class="father">
      <div class="child1">div child 1</div>
      <div class="child2">div child 2</div>
      <div class="child3">div child 3</div>
  </div>
```

在没有设置相对或绝对定位前的预览效果是这样的（图10-37）。

现在，把child 2设置为相对定位，并设置偏移量为距离原来位置的左边线90px：

```
.child2{
    position:relative;
    left: 90px;  /* 距左边线90px */
}
```

预览如图10-38所示。

可以看出，设置child 2相对定位后，相对于原来的位置向右偏移了90px，但child 2在文档流中的位置仍然保留。

接下来，在上面案例的基础上，将child 2设置为绝对定位（图10-39）：

```
.child2{
    position: absolute;
```

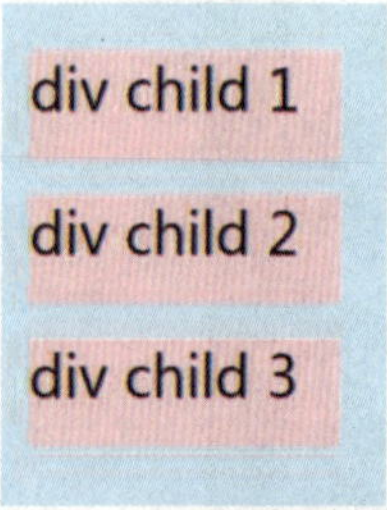

图10-37　没有设置定位属性前的效果

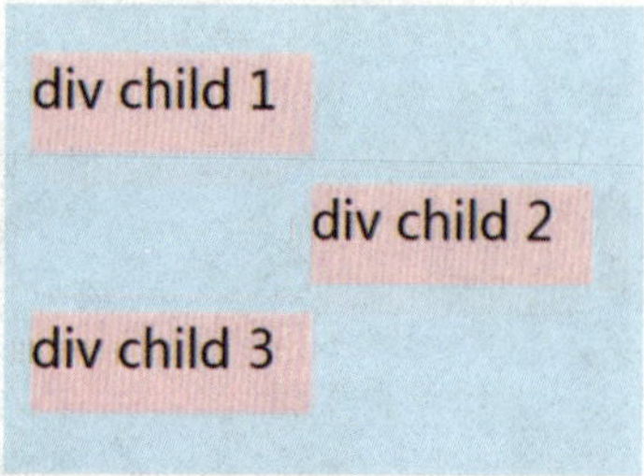

图10-38　相对定位

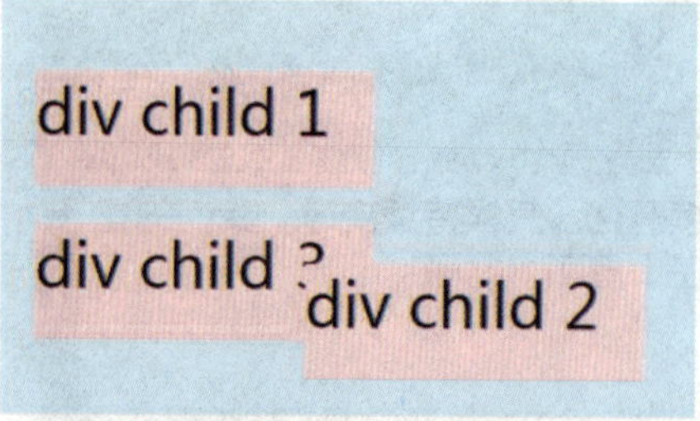

图10-39　绝对定位

```
        left: 90px;
    }
```

可以看到，这时的child 3占据了原本child 2的位置，而child 2脱离了标准文档流的控制，不再占据标准文档流的空间：

对于这种情况，通常将父元素设为相对定位，对子元素应用绝对定位，并通过偏移量对子元素精确定位，这样能保证子元素依据父元素位置实现准确定位。比如下面案例中常用的下拉菜单就是这样。

10.4.6.2　下拉菜单中的绝对与相对定位

在做纯CSS下拉菜单时常用到绝对与相对定位，如图10-40所示的效果，是怎么做出来的呢？

首先用HTML代码编写一个由无序列表组成的导航：

```
<div>
  <ul id="nav">
    <li><a href="#">首  页</a></li>
    <li><a href="#">行业资讯</a></li>
    <li class="drop"><a href="#">网页设计</a>
      <ul class="hide">
        <li><a href="#">产品PRD</a></li>
        <li><a href="#">UI设计规范</a></li>
        <li><a href="#">产品DEMO</a></li>
      </ul>
    </li>
    <li class="drop"><a href="#">作品赏析</a>
      <ul class="hide">
        <li><a href="#">经典案例</a></li>
        <li><a href="#">获奖作品</a></li>
      </ul>
    </li>
    <li><a href="#">最新项目</a></li>
```

图10-40　下拉菜单

```
  </ul>
</div>
```

接着，定义CSS样式如下：

```
<style type="text/css">
*{
    margin:0px;
    padding:0px;
    }  /* 让所有布局元素无内外边距 */
#nav li{
    list-style:none;    /* 列表项目前没有符号或数字 */
    float:left;  /* 所有列表项目向左浮动，做出水平导航效果 */
    background-color:#577F92;   /* 导航背景深蓝色 */
    border-right:1px solid #fff;
    }
#nav li:hover{
    background-color:#95D822;  /* 鼠标经过时背景绿色 */
    }
#nav li a{      /* 链接样式 */
    text-decoration:none;
    width:120px;
    display:block;
    line-height:35px;
    color:#fff;
    text-align:center;
    }
.drop{
    position:relative;  /* 相对定位 */
    }
.hide{
    display:none;   /* 隐藏菜单不显示 */
    position:absolute;  /* 隐藏菜单绝对定位 */
    }
.drop:hover .hide{
    display:block;   /* 当鼠标经过时，隐藏
```

```
菜单区块显示 */
        }
    .hide li a:hover{
        background-color:#67A4B7; /* 隐藏菜单鼠标经过时背景为浅蓝色 */
        }
 </style>
```

这是一个经典的纯CSS下拉菜单，灰色区域代码展示了对父元素设置相对定位，而对子元素设置绝对定位做出下拉菜单的位置。这时，无论如何缩放浏览器窗口，子元素相对于其父元素的位置都将保持不变。

10.4.6.3　顶部导航的黏性定位（sticky）

固定定位（fixed）和黏性定位（sticky）一般是指元素固定，不随滚动条滚动。

如果希望logo和导航栏固定在屏幕顶部，不随着滚动条移动，可以使用position:sticky;属性来设置（图10-41、图10-42）。

HTML代码为：

```
<!-- top -->
<div id="top">
  <div id="head">
```

图10-41　顶部导航

图10-42　顶部固定，不随页面滚动（设计：封瑾）

```
        <img class="logo" src="images/logo.png">
        <h3>艺术设计学院</h3>
        <input type="text" placeholder="请输入关键词">
        <ul class="nav">
            <li><a href="#">首页</a><span>¦</span></li>
            <li><a href="#">关于</a><span>¦</span></li>
            <li><a href="#">新闻</a><span>¦</span></li>
            <li><a href="#">教学</a><span>¦</span></li>
            <li><a href="#">师资</a><span>¦</span></li>
            <li><a href="#">学生</a><span>¦</span></li>
            <li><a href="#">党建</a></li>
          </ul>
        </div> <!--head结束-->
      </div>
    <!--top结束-->
```

CSS代码为：

```
#top{
        height: 65px;
        background-color: darkgoldenrod; /* 背景暗金色 */
        position: sticky; /* 粘性定位 */
        top: 0px;
        z-index: 9999; /* 第9999层，以确保导航条处于页面所有元素上面 */
        border-bottom: 3px solid #e0e0e0; /* 下边框为3px宽的灰色实线 */
}
```

这里z-index为层叠等级属性，在CSS中可以调整定位元素的图层顺序，其取值可为正整数、负整数和0，默认属性值为0，取值越大，元素的图层顺序越居上。“z-index: 9999;”表示logo和导航栏图层的顺序为9999层，以确保导航条一直处于页面所有元素的上层。

课后习题

1. 什么是CSS样式？其属性该如何设置？
2. CSS选择器有哪几类？分别用于怎样的场景？
3. 利用浮动属性进行图文编排。
4. 了解盒子模型，利用内外边距、和边框的属性设计一个导航条。
5. 尝试用元素的定位属性制作一个下拉菜单。

第11章

CSS——页面布局

PPT 课件

本章学习目标

能够运用在网页设计中比较常见的HTML和CSS代码进行各种页面布局的设计，如：固定布局、百分比布局、自适应布局、弹性布局、网格布局等。

页面布局是CSS的重点，绝大部分的页面布局都是基于盒状模型，依赖 display属性 + position属性 + float属性 + 内外边距属性（margin和padding）。在传统布局方式之外，在移动布局中常用的还有flex弹性布局和grid网格布局。

11.1 固定布局

固定布局，顾名思义，整个页面和每一栏都有以像素为单位的宽度，无论使用手机还是平板电脑等较小的设备，或者使用桌面浏览器查看页面，并对窗口进行缩放，它的宽度都不会改变。在引入响应式web设计之前，大多数网站都使用固定布局。尤其是公司网站和大牌网站，这也是在刚开始学习CSS时，最容易掌握的布局方式，所以我们会从固定布局讲起。下面通过制作一个常规页面结构来了解固定布局的方法（图11-1）。

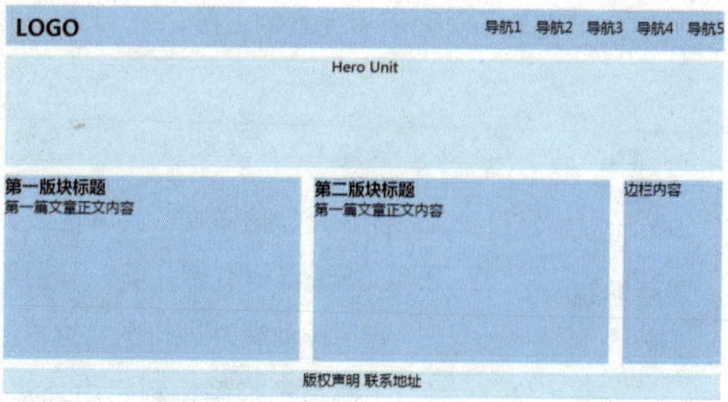

图11-1 常规的网页页面排版

首先，在HTML中，把页面结构划分为头部（header）、1个section元素容纳hero unit部分、2个section元素容纳2个子版块、边栏aside、最下部的footer这样6个部分：

```
<body>
  <!-- 总容器 -->
  <div class="container">
    <!-- 头部 -->
    <header>
      <h2>LOGO</h2>
      <nav>
        <ul>
            <li>导航1</li>
            <li>导航2</li>
            <li>导航3</li>
            <li>导航4</li>
            <li>导航5</li>
        </ul>
      </nav>
  </header>

  <!-- Hero Unit -->
  <section class="hero">Hero Unit</section>

  <!-- 子版块 -->
  <section>
      <article>
        <h3>第一版块标题</h3>
        <p>第一篇文章正文内容</p>
      </article>
  </section>
  <section>
    <article>
        <h3>第二版块标题</h3>
        <p>第一篇文章正文内容</p>
    </article>
  </section>
  <!-- 右边栏 -->
  <aside>
    <p>边栏内容</p>
  </aside>

  <!-- 页脚 -->
  <footer>
      <p>版权声明 联系地址</p>
    </footer>
  </div>
</body>
```

接下来，定义CSS样式，这里有两个关键点：

第一，为每一个布局元素设置固定的宽度和高度。这其中关键点在于需要计算一行里每1个布局元素的宽度加起来应该等于外部包裹的总布局元素的宽度。如这个案例里，总布局元素container宽800px，Hero Unit宽也是800px，那么2个子版块和右侧边栏的宽度，再加上这三者内外边距的宽度，全加起来也应该等于800px。

第二，如果希望把一些布局元素放在一行，可以使用浮动float属性，如将2个容纳子版块的section布局元素分别定义为向左浮动float:left。因为后面还有类似的元素布局footer，所以会继承float属性，这时，将底下的布局元素footer清除浮动的影响“clear: both;”即可。

```
<style type="text/css">
      *{ padding: 0; margin: 0;}
      .container{
      width: 800px;
      margin-left: auto; margin-right: auto;
/* 在页面居中对齐 */
    }
    /* 头部 */
    header{
      width: 800px; height: 35px;
      background-color: #acd6ff; padding-
top: 10px;
    }
    h2{
```

```
        float: left;  /* logo向左浮动 */
        width: 150px; padding-left: 10px;
    }
    nav{ float: right;}  /* 导航向右浮动 */
    ul{ float: right;}
    li{
        float: left;
        list-style: none;
        padding-left: 15px;
    }
    .hero{
        clear: both;
        width: 800px; height: 120px;
        background-color: lightblue;
        text-align: center;
    }
    /* 子版块 */
    section{
        float: left;
        margin-top: 10px;
        margin-right: 15px;
        width: 330px;
        height: 200px;
        background-color: #acd6ff;
    }
    /* 右边栏 */
    aside{
        float: left;
        margin-top: 10px;
        width: 110px; height: 200px; background-color: #acd6ff;}
    /* 页脚 */
    footer{
        clear: both;
        width: 800px; height: 30px;
        text-align: center; background-color: lightblue;
        border-top: 10px solid #fff;}
  </style>
```

好了，布局完成，剩下的工作就是把具体的内容填充进去了。

11.2 百分比布局

如果把上面的固定布局用百分比布局来做，只需重新定义布局元素的宽度，如下：

```
  <style type="text/css">
    *{ padding: 0; margin: 0;}
    .container{
        width: 90%;  /* 包裹所有布局元素的div宽度为页面的90% */
        margin-left: auto; margin-right: auto;
    }
    /* 头部 */
    header{  /* 宽度继承父元素，默认为页面的90% */
        height: 35px;
        background-color: #acd6ff; padding-top: 10px;
    }
    h2{
        float: left;
        width: 150px; padding-left: 10px;
```

```
}
nav{ float: right;}
ul{ float: right;}
li{
    float: left;
    list-style: none;
    padding-left: 15px;
}
.hero{
    clear: both;
    width: 100%;
    height: 120px;
    background-color: lightblue;
    text-align: center;
}
/* 子版块 */
section{
    float: left;
    margin-top: 10px;
    margin-right: 2%;    /* 子版块右外边距的宽度 */
    width: 40%;
    height: 200px;
    background-color: #acd6ff;
}
/* 右边栏 */
aside{
    float: right;
    margin-top: 10px;
    width: 16%;    /* 宽度为100%-40%x 2-2%x2=16% */
    height: 200px;
    background-color: #acd6ff;
}
/* 页脚 */
footer{
    clear: both;
    height: 30px;
    text-align: center; background-color: lightblue;
    border-top: 10px solid #fff;}
</style>
```

和固定布局一样，需要计算在同一行的布局元素百分比数值，加起来等于100%。如右侧边栏的宽度为总宽度减去两个子版块宽度，再减两个右外边距的宽度，即100%-40%×2-2%×2=16%。最后效果和固定布局是一样的。

从以上案例我们发现，百分比的属性值是一种方便有效的取值方法。在实际制作中，我们可以先预估一个大概的百分比数值，如左侧版块占80%，右侧边栏内容占20%，如果宽度不够，再做微调，这样计算简单，制作也快速有效，比固定的像素布局更容易调整。

11.3 格子布局

格子布局，特点是规整有序，常见于淘宝、京东、Airbnb类的电商网站，也是目前很多网站青睐的布局方式（图11-2）。

以3个格子为例，看看这样的布局运用浮动和内外边距的方法是怎样实现的。首先我们用article元素容纳图片和文字：

```
<section>
    <article>
        <img src="images/pic_01.jpg"/>
        <h4>TITLE</h4>
```

图11-2　淘宝网的格子布局

图11-3　格子布局基本样式

图11-4　定义了上下右边框的格子

```
        <p>beauty without words</p>
    </article>
    <article>
        <img src="images/pic_02.jpg"/>
        <h4>TITLE</h4>
        <p>beauty without words</p>
    </article>
    <article>
        <img src="images/pic_03.jpg"/>
        <h4>TITLE</h4>
        <p>beauty without words</p>
    </article>
</section>
```

接下来，定义一些基本的CSS样式，设置每个格子的宽高和内边距，让每个格子成为无内外边距只有边框的布局盒子，向左浮动：

```
<style type="text/css">
    section{ width: 810px;}
    article{
        width: 270px; height: 360px;
        padding: 20px;
        box-sizing: border-box;  /* 无内外边距只有边框的布局盒子 */
        float: left;
    }
    img{ width: 230px;} /*限定所有图片等宽*/
</style>
```

这样，格子布局就大致做好了。效果如图11-3所示。

在现有的格子布局基础上稍提升一下难度，如果希望做出淘宝网的样式，即每个格子都有灰色的细边框线，可以定义边框线，但不能同时设置所有格子的边框，不然会因为有的格子边框重叠产生加粗现象。所以先设置上下边框和右边框：

```
article{
    width: 270px; height: 360px;
    box-sizing: border-box;
    float: left;
    padding: 20px;
    border-top: 1px solid rgba (0, 0, 0, 0.3);
    border-bottom: 1px solid rgba (0, 0, 0, 0.3);
    border-right: 1px solid rgba (0, 0, 0, 0.3);
}
```

预览如图11-4所示。

那第1个格子的左边框怎么办呢？这里需要用到CSS的伪类选择器。其中，first-child代表第1个格子，last-child代表最后1个格子。中间的格子可以使用nth-child（ ），并在其后的括号里加上相应的格子的序号数字。还可以使用nth-child（odd）选择奇数格子，nth-child（enen）选择偶数格子。这种方法还可以用于列表项目等这样排列数量较多的元素。

在我们的案例里，只用设置第1个格子的左边框：

```
article:first-child{
    border-top: 1px solid rgba (0, 0, 0, 0.3);
}
```

最后效果如图11-5所示。

图11-5　带细边框的格子

11.4　自适应布局

自适应布局应用很广泛，所谓自适应，是指在一定的宽度范围内缩放浏览器窗口，主内容区域宽度可随浏览器宽度的变化而变化。

实现自适应布局的方法很多，我们分别用两种不同的方法来看看2栏和3栏自适应布局怎么实现。

11.4.1　2栏自适应布局

案例中，使用绝对定位法和margin负值法来实现2栏自适应布局。先用HTML代码把页面大结构搭建起来：

```
<body>
    <div class="container">
        <div class="side">侧边栏</div>
        <div class="main">主要内容</div>
    </div>
</body>
```

接下来，用CSS定义各div元素的背景色，如总容器盒子container是浅紫色，左侧边栏为蓝色，主内容区域（main）为浅蓝色，以便查看效果。再设置总容器（container）的宽度为页面的90%，居中对齐。左侧边栏为固定宽度300px，主内容区域宽度为100%：

```
<style type="text/css">
        body{ font-size: 28px;}
        *{ margin: 0; padding: 0;}
        .container{
          width:90%;
          margin:0 auto;  /* 居中对齐 */
          background-color: lightpink;  /* 浅粉色 */

        }
        .side{
          width: 300px; height: 500px;
          text-align: center;
          background-color:#50A1C8; /*蓝色*/

        }
        .main{
          width: 100%; height: 500px;
          text-align: center;
          background-color: lightblue;  /* 浅蓝色 */
        }
    </style>
```

默认状态下，每1个div元素会各占1行，预览如图11-6所示。

现在，设置总容器盒子（container）为相对定位，侧边栏为绝对定位：

```
    .container{
        width:90%; margin:0 auto;
```

图11-6　未定位的2栏布局

图11-7　定位后的2栏布局

图11-8　定义了margin负值的2栏自适应布局

```
        background-color: lightpink;
        position: relative; /*父元素相对定位*/
        box-sizing: border-box;
    }
    .side{
        width: 300px; height: 500px;
        text-align: center;
        background-color:#50A1C8; /*蓝色*/
        position: absolute; /*子元素绝对定位*/
    }
```

可以看到侧边栏与主内容栏处于同一行了（图11-7）。

虽然主内容栏上移了，侧边栏却处在了主内容栏的上层。怎么办呢？为此，要让总容器盒子（container）的左边腾出300px的位置给主内容栏（main），所以设置container的padding-left值为300px，再为侧边栏设置margin负值为－300px，让侧边栏占据这300px的内边距位置。见灰色加深部分代码：

```
<style type="text/css">
    body{ font-size: 28px;}
    *{ margin: 0; padding: 0;}
    .container{
    width:90%; margin:0 auto;
    background-color: lightpink;
    position: relative; /*父元素相对定位*/
    padding-left: 300px;    /*左边腾出
300px的位置*/
        box-sizing: border-box;
    }
    .side{
        width: 300px; height: 500px;
        text-align: center;
        background-color:#50A1C8; /*蓝色*/
        position: absolute; /*子元素绝对定位*/
        margin-left: -300px;  /*向左300px */
    }
    .main{
        width: 100%; height: 500px;
        text-align: center;
        background-color:lightblue; /*浅蓝色*/
    }
</style>
```

效果如图11-8所示。

现在1个2栏自适应布局就做好了，右列主内容区域的宽度是可以随着浏览器宽度的变化而变化的。

11.4.2　3栏自适应布局

3栏自适应布局，我们也称“双飞翼布局”，就是左右2栏固定宽高，中间自适应的3栏布局。

除了上面介绍的绝对定位法，我们再介绍1种浮动法实现3栏自适应布局，这种方法的代码最简单，高效易掌握。首先，还是用HTML代码搭建页面结构。注意：这种方法的关键点在于要把主内容区域的盒子放在右侧边栏之后：

```
<div class="container">
    <div class="left">左侧边栏</div>
    <div class="right">右侧边栏</div>
    <div class="main">主体内容区域</div>
</div>
```

接下来，用CSS设置左右侧边栏的宽度均为250px，关键的是定义左侧边栏向左浮动，右侧边栏向右浮动，中间主内容main区域左右各空出260px的margin：

```
<style type="text/css">
    html, body{
        height: 100%;
        font-size: 28px;
    }
    .left, .right{
        width: 250px;
        height: 100%;
        background-color: #50A1C8; /*蓝色*/
        text-align: center;
    }
    .left{ float: left;}
```

图11-9　浮动法实现3栏自适应布局

```
    .right{ float: right;}
    .main{
        height: 100%;
        margin:0 260px;    /* 左右各空出260px的外边距 */
        background-color:lightblue; /*浅蓝色*/
        text-align: center;
    }
</style>
```

最终效果如图11-9所示。

使用这种浮动布局方法要注意的是，如果接下来还有其他布局元素，需要使用clear:both代码清除浮动。当然还有其他实现自适应布局的方法，期待大家的探索与发现！

11.5　弹性（flex）布局

弹性布局，意为Flexible Box，为盒子模型提供了最大的灵活性，可以依据页面大小弹性显示内容，简便、完整、响应式地实现各种页面布局，对于传统布局不容易实现的布局方式，往往几行代码就可以搞定，且多用于移动端HTML 5的开发。

11.5.1　flex布局的几个基本概念

学习flex布局之前，需要了解一些常用的基本概念。Flex布局的核心概念就是容器和轴。可以说flex布局的全部特性都建构在这两个概念上。

11.5.1.1　容器与项目

先来看看容器。采用flex布局的区域，称为“容器（flex container）”。容器内部的子元素，称为“项目（flex item）”。

display：flex语法用于指定一个容器采用弹性布局。可以把未定义弹性布局的容器效果和定义了弹性布局的容器做一个对比，直观感受flex布局是什么概念。

首先创建1个div作为容器，里面5个div作为项目：

```
<div class="box">
    <div class="item">item1</div>
    <div class="item">item2</div>
    <div class="item">item3</div>
    <div class="item">item4</div>
    <div class="item">item5</div>
</div>
```

并定义背景等CSS样式以便对比看效果：

```
.item{
        background-color: lightgray;
        margin: 5px;
        width: 100px;
}
```

预览效果如图11-10所示，如果缩小浏览器，各项目是固定而没有任何变化的。

接着，定义容器采用弹性布局，注意：一旦定义了display: flex;属性以后，该元素的float、clear和vertical-align属性将失效。

```
.box{
  display: flex;
}
```

预览效果如图11-11所示。

如果缩小浏览器，项目会随着浏览器的缩小而缩小，到达最小宽度后，不再变化。这就是采用flex布局的效果。

11.5.1.2　主轴与交叉轴

采用弹性布局的容器默认存在2根轴：水平的主轴（main axis）和垂直的交叉轴（cross axis），由这2根轴来确定容器内项目的对齐方式。在不改变主轴方向（flex-direction）的默认情况下，确定对齐方式常用的有两个属性：justify-content和align-items。

justify-content定义了项目在主轴上的对齐方式，包括：左对齐flex-start，右对齐flex-end，水平居中对齐center，两端对齐space-between等。

align-items决定项目在垂直方向的对齐方式：上对齐flex-start，下对齐flex-end，垂直中齐center，项目的第一行文字的基线对齐baseline，拉伸为容器高度stretch。

在没有学到定义flex属性之前，元素的垂直居中对齐是件很麻烦的事儿，要么用行高，要么用绝对定位，现在有了flex属性，就容易多了。以标题和段落为例：

```
<body>
    <div>
        <h3>flex布局的水平垂直居中对齐</h3>
        <p>在不改变主轴方向flex-direction
的默认情况下，确定对齐方式常用的有2个属性：
justify-content和align-items</p>
    </div>
</body>
```

用CSS定义边框等以方便看效果：

```
<style>
    div{
        width: 500px;
        height: 300px;
        border: 1px solid black;
    }
    h3{
        margin:15px;
    }
</style>
```

预览效果如图11-12所示。

现在，给这个容器盒子设置flex属性，并设置容器的主轴对齐方式justify-content为center，垂直对齐方式align-items也为center：

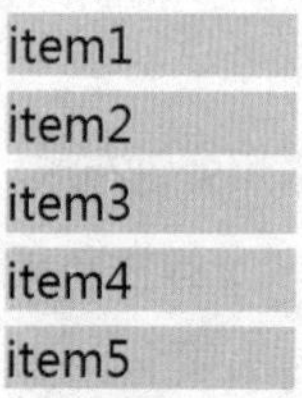

图11-10　未定义flex属性前

图11-11　定义flex属性后

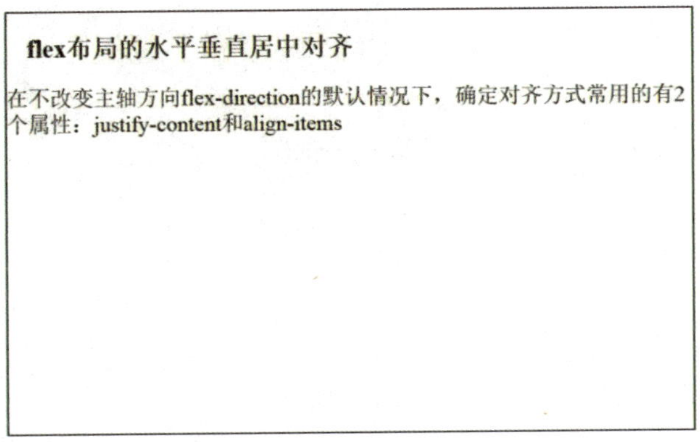

图11-12　未定义flex水平垂直居中前

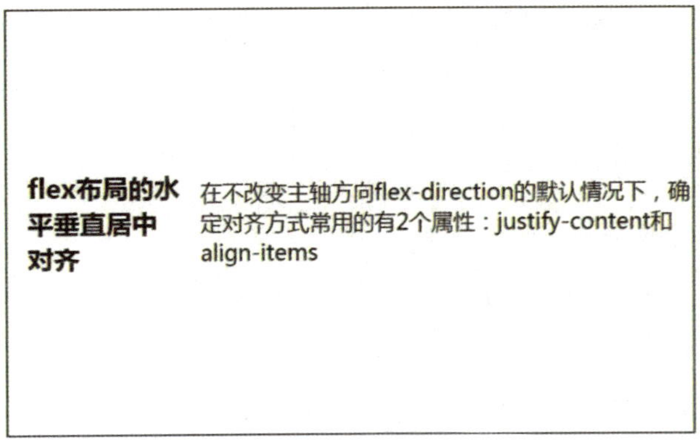

图11-13　定义flex水平垂直居中后

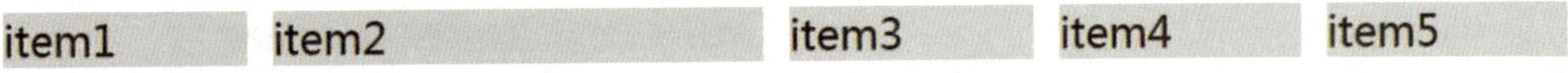

图11-14　项目item2的flex属性定义为flex:2

```
div{
        display: flex;
        justify-content: center;   /* 主轴对齐方式居中 */
        align-items: center;    /* 垂直对齐方式居中 */
        border: 1px solid #ccc;
        width:500px;
        height:300px;
}
```

预览效果如图11-13所示，现在对flex布局应该有一个初步认识了吧！

11.5.1.3　项目的属性

项目的属性常用的有：flex、flex-basis、align-self和flex-wrap。

（1）flex属性是“放大（flex-grow）”，“压缩（flex-shrink）”和“基础宽度（flex-basis）”这3个属性的简写，都是关于项目宽度属性设置的。

（2）flex-basis属性定义了项目的理想宽度，但如果容器有多余的空间或没有足够的空间来容纳便会随之弹性放大或压缩。

flex-grow属性定义项目的放大比例，默认值为0，表示如果空间不足，项目也不会放大。如果值为1，则每个项目占据剩余空间的1等份的宽度，如果一个项目的flex属性为2，其他项目都为1，则前者占据的剩余空间将比其他项目多一倍。

flex-shrink定义项目的缩小比例，原理同flex-grow属性。

放大和压缩是flex box中很重要的特性，也让flex box非常适用于响应式UI设计。建议优先使用flex属性，而不是单独写三个分离的属性。

如我们把5.1.1案例中的项目item2的flex属性定义为“flex:2”，而其他项目flex属性定义为flex:1时，效果如图11-14所示。

再如“flex: 0 0 12em;”表示如果空间不足，项目既不会放大，也不会缩小，固定宽度为12个字符宽度。

（3）align-self属性允许单个项目与其他项目有不一样的对齐方式，可覆盖align-items属性。

（4）flex-wrap属性定义项目是否换行，其默认值nowrap表示不换行，wrap表示换行，第一行在上方。wrap-reverse表示换行，第一行在下方。

上面这些概念不太容易理解，下面我们用几个实用的案例来熟悉在布局中常用的属性。

11.5.2　flex布局的导航

首先，创建1个HTML代码的导航，并设置基础样式：

```
<style>
    li{
        text-align: center;
        line-height: 2rem;   /* 2rem表示2个字号大小的行高 */
        background: lightgray;
        margin: 1px;
        list-style: none;
    }
</style>
</head>
<body>
    <ul>
        <li>HTML</li>
        <li>CSS</li>
        <li>Javascript</li>
    </ul>
</body>
```

上面代码中需要解释的是rem这个单位，这是基于html元素字号大小的相对单位，可以在移动端配合rem单位动态调整文字、图片、布局等自适应所有屏幕，多用来定义字号、行高、宽度等，特点是改变html的字号大小font-size就可以等比例改变所有使用了rem单位的元素。这里2rem表示列表项目为2个字号的行高。

预览效果如图11-15所示。

然后，设置ul为弹性布局元素：

```
ul{
    display: flex;
}
```

预览效果如图11-16所示。

接下来，设置每1个列表项目占据1等份的宽度：

```
li{
    flex:1;   /* 每个列表项目占据1等份的宽度 */
    text-align: center;
    line-height: 2rem;
    background: lightgray;
    margin: 1px;
    list-style: none;
}
```

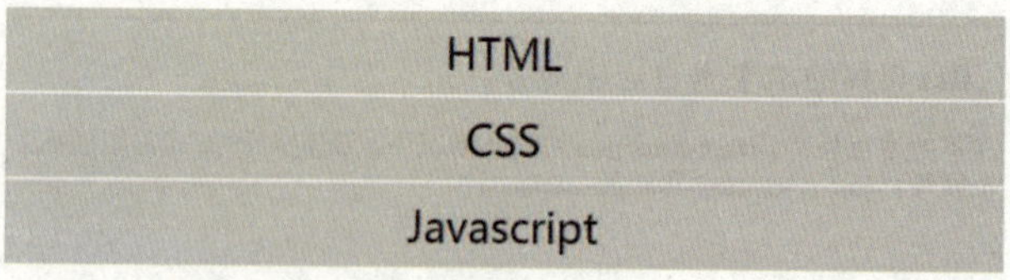

图11-15　未定义flex属性的导航

图11-16　定义了flex属性的导航

图11-17　定义了项目属性为flex:1的导航

最后效果如图11-17所示，这个导航是可以根据浏览窗口大小弹性显示的。

11.5.3　双飞翼布局

学了flex弹性布局，双飞翼布局也很容易实现了。我们先创建一个基本HTML布局结构：

```
<div class="container">
    <div class="left">左侧边栏</div>
    <div class="main">主内容区域</div>
    <div class="right">右侧边栏</div>
</div>
```

CSS代码如下：

```
<style type="text/css">
    body{
        min-width: 600px;
    }
    .container{
        display: flex;
        justify-content: center;
        align-items: flex-start;
    }
    .main{
        flex-grow:1;   /* 定义项目的放大比
```

```
例，占据除左右边栏后的1等份宽度 */
            background-color: lightblue;
            height: 300px;
        }
        .left, .right{
            flex-basis: 200px;  /* 定义了项目占据的主轴空间，即宽度为200px */
            background-color: lightgray;
            height: 300px;
        }
    </style>
```

实现效果如图11-18所示。

11.5.4 圣杯布局Holy Grail Layout

圣杯布局指的是一种最常见的网站布局。页面从上到下，分成三个部分：头部（header），躯干（body），尾部（footer）。中间的躯干又水平分成左中右3栏（图11-19）。

HTML部分代码如下：

```
<body>
    <div class="container">
        <header>头部LOGO</header>
        <section>
            <div class="left">左侧边栏</div>
            <div class="main">中间主内容区域</div>
            <div class="right">右侧边栏</div>
        </section>
        <footer>底部页脚</footer>
```

图11-18　双飞翼弹性布局

```
    </div>
</body>
```

CSS代码如下：

```
<style type="text/css">
    body{
        display: flex;
        flex-direction: column;
    }
    header,footer{
        flex: 1;
        background-color: lightblue;
        height: 80px;
    }
    section{
        display: flex;
        flex: 1;
        height: 300px;
    }
    main{
        flex:1;
    }
    nav, aside{
        flex: 0 0 12em;  /* 如果空间不足，项目既不会放大，也不会缩小，固定宽度为12个字符宽度 */
        background-color: lightgray;
    }
</style>
```

使用了flex弹性布局方式后，如果是小屏幕，躯干的三栏会自动变为垂直叠加。

图11-19　圣杯布局

11.6 网格（Grid）布局

网格布局Grid Layout，是把整个页面或布局元素看待为多个格子，可以任意组合不同的单元格，做出各种各样的布局，有点类似word软件的表格，如“圣杯布局”，就是1个3行3列的表格。

也有人认为，网格布局是最强大的 CSS 布局方案，其响应式的布局方式让页面可以在PC端、平板和手机端屏幕大小和分辨率不同的情况下，页面中的组件自动地移位。日本多摩美术大学官网首页，就是一个响应式的网格布局。我们可以看到，在PC端和手机端的不同显示效果（图11-20）

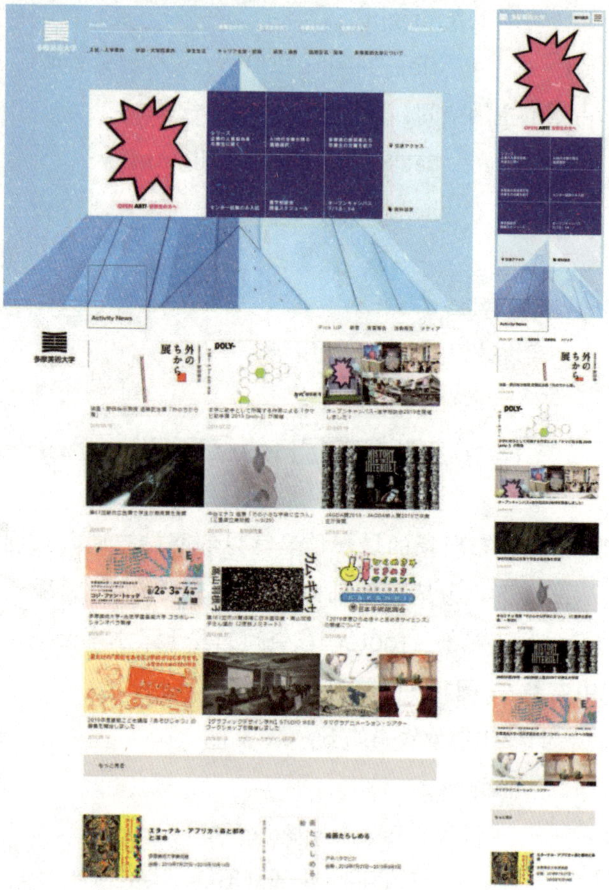

图11-20　多摩美术大学官网首页PC端和手机端（http://www.tamabi.ac.jp/index_j.htm）

囿于篇幅所限，这里我们只介绍经典常用的grid布局属性。

11.6.1　网格容器的分割

grid布局和flex布局有一些相似，核心概念是网格容器container和网格项目item。

在容器层设置display：grid或者display: inline-grid都可以给布局元素定义网格布局。

grid布局最大的优势在于直接把容器划分为多个格子，继而进行内容填充。

属性网格模版grid-template-columns和grid-template-rows可以设置一个网格的列column和行row。grid-template-columns属性对于网页布局非常有用。如两栏式布局只需要一行代码：

```
.box {
    display: grid;  /*给布局元素定义网格布局*/
    grid-template-columns: 30% 70%;  /*
将网格等分为2列，左列宽30%，右列宽70% */
}
```

完成效果见图11-21。

图11-21　grid两栏式布局

为了方便表示比例关系，网格布局引入了新的单位：相对单位fr。fr关键字是fraction 的缩写，每一个fr分配一个可用空间，如果两列的宽度分别为1fr和2fr，就表示后者是前者的两倍；如果元素被设置为1fr 1fr 1fr 1fr，那么空间就会被平均分配为4份，每

一个元素分别占1/4:

```
.box {
    display: grid;  /*给布局元素定义网格布局*/
    grid-template-columns: 1fr 4fr;   /* 将网格等分为2列，右列是左列的4倍宽 */
}
```

grid-template-columns:20% 20% 20% 20% 20%，表示将网格等分为5列，每列20%的宽度，也可以简写为：grid-template-columns:repeat(5,20%)，同样grid-template-rows也是一样的用法，其中repeat为函数。

11.6.2 行间距与列间距

grid-row-gap属性设置行与行的间隔（行间距），grid-column-gap属性设置列与列的间隔（列间距）。

```
.container {
    grid-row-gap: 10px;
    grid-column-gap: 10px;
}
```

grid-gap（单元格间距）属性是grid-column-gap和grid-row-gap的合并简写形式，因此，上面一段 CSS 代码等同于下面的代码。

```
.container {
    grid-gap: 10px 10px;
}
```

我们要做出如图11-22所示的3行3列的网格，行间距和列间距都是10px的布局，可以这样写代码:

```
<style type="text/css">
    .container{
        display: grid;
        grid-template-columns:repeat(3, 100px); /*将网格等分为3列，每列宽100px */
        grid-template-rows: repeat(3, 100px);  /* 将网格等分为3行，每行高100px */
        grid-gap: 10px 10px;
    }
    .container div{
        background-color: lightblue;
    }
</style>
</head>
<body>
    <div class="container">
        <div class="item1">1</div>
        <div>2</div>
        <div>3</div>
        <div>4</div>
        <div>5</div>
        <div>6</div>
        <div>7</div>
        <div>8</div>
    </div>
</body>
```

11.6.3 项目的跨度

如果要让图11-23中的项目1在水平方向上占据2个单元格，我们可以使用关键字span（跨度），“grid-column-start: span 2;” 表示项目1在水平方向上跨越2个单元格:

```
.item1 {
    grid-column-start: span 2;   /* item1 跨2列 */
}
```

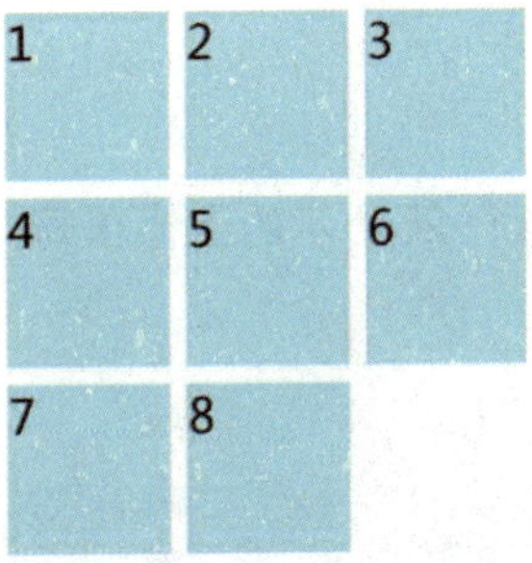

图11-22 单元格间距

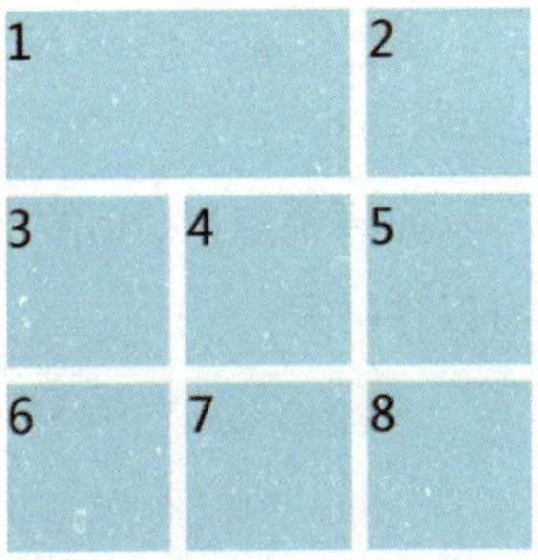

图11-23 项目1在水平方向上占据2个单元格

如果想让项目1占据竖向2个单元格（图11-24），我们可以这样定义：

```
.item1{
    grid-row-start: span 2;  /* item1跨2行 */
}
```

在实际的代码编写中，我们多用grid-column和grid-row这2个属性，如将上面案例中的item1跨2行2列：

```
.container{
    display: grid;
    grid-template-columns:repeat（3, 100px）; /* 将网格等分为3列，每列宽100px */
    grid-template-rows: repeat（4, 100px）; /* 将网格等分为4行，每行高100px */
    grid-gap: 10px 10px;
}
.container div{
    background-color: lightblue;
}
.item1{
    background-color: lightpink;
    grid-column: 1 / span 2;  /* item占据第1行，跨2列 */
    grid-row: 1 / span 2;  /* item占据第1行，跨2行 */
}
```

大家会发现，我们把容器的行数grid-template-rows定义为4了，是因为item1跨2行2列后，把网格撑成了4行，效果如图11-25所示。

11.6.4 圣杯布局DEMO

如果希望用grid做出图11-26所示的圣杯布局，可以这样写：

```
<style type="text/css">
    body{ font-size:28px;}
    .container{
        display: grid;
```

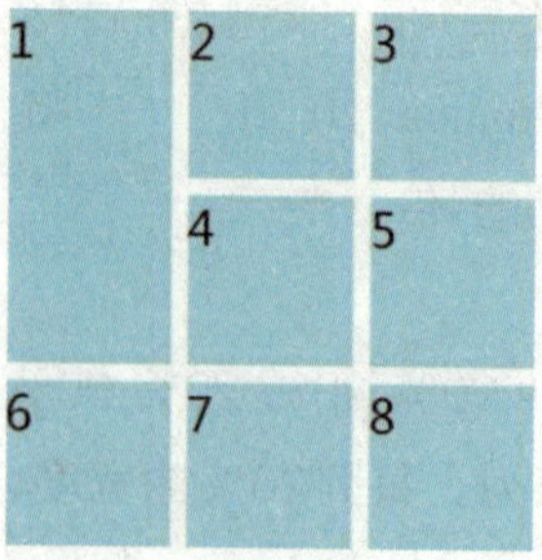

图11-24 项目1在垂直方向上占据2个单元格

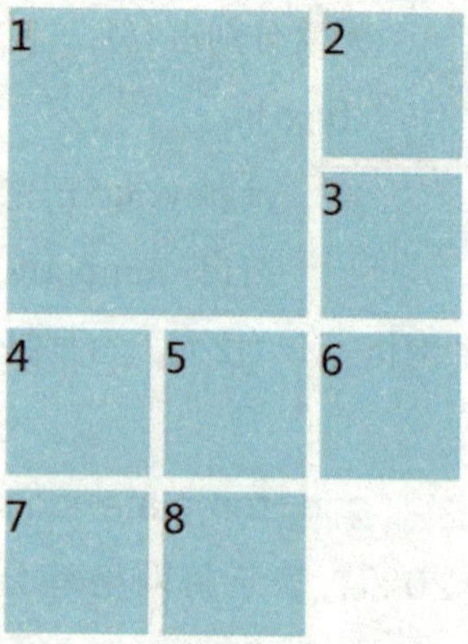

图11-25 item1跨2行2列

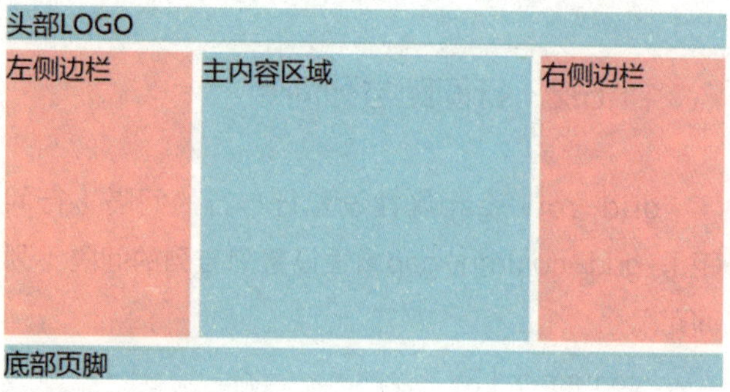

图11-26 grid圣杯布局

网格布局是不是很强大?

```
        grid-template-columns:200px auto 200px;
        grid-gap: 10px;
    }
    .head, .foot{
        grid-column-start: span 3;
        background-color: lightblue;
    }
    .main{
        height: 300px;
        background-color: lightblue;
    }
    .left, .right{
        background-color: lightpink;
    }
</style>
```

```
</head>
<body>
    <div class="container">
        <div class="head">头部LOGO</div>
        <div class="left">左侧边栏</div>
        <div class="main">主内容区域</div>
        <div class="right">右侧边栏</div>
        <div class="foot">底部页脚</div>
    </div>
</body>
```

11.7 瀑布流布局

瀑布流主要针对图片多的网站，其特点是多栏布局，每栏图片的宽度固定，高度不定，随着下拉滚动，会再次加载数据，满足了当今读图时代网民的需求。很多人认为瀑布流最早由Pinterest网站提出，所以瀑布流又被称为Pinterest Style Layout，一经推出后，很快就在国内外大大小小的网站流行开来，如花瓣网的布局方式（图11-27）。

图11-27　花瓣网瀑布流布局方式

在接下来的案例中，我们会使用CSS方法实现1个简单的瀑布流布局。首先，还是搭建HTML结构，把图片和文字用1个个div元素包裹起来，并装在1个section元素里：

```
<body>
    <section>
        <div>
            <img src="images/pic_01.jpg"/>
            <p>Beauty without words</p>
        </div>
        <div>
            <img src="images/pic_02.jpg"/>
            <p>Beauty without words</p>
        </div>
        <div>
            <img src="images/pic_03.jpg"/>
            <p>Beauty without words</p>
        </div>
        <div>
            <img src="images/pic_04.jpg"/>
            <p>Beauty without words</p>
        </div>
        <div>
            <img src="images/pic_05.jpg"/>
            <p>Beauty without words</p>
        </div>
        <div>
            <img src="images/pic_06.jpg"/>
            <p>Beauty without words<br>
摄影：封瑾</p>
        </div>
        <div>
```

```
            <img src="images/pic_07.jpg"/>
            <p>Beauty without words</p>
        </div>
    </section>
</body>
```

用CSS做瀑布流布局，最关键的步骤是把容纳这7个div的section元素用column属性分成需要的列数，语法为“column-count:列数;”，比如这个案例里，我们把section元素分成4列，并设置每列间的距离column-gap为15px：

```
<style type="text/css">
    section{
        width: 1080px;
        margin: 10px auto;
        column-count: 4;   /* 把section元素分成4列 */
        column-gap: 15px;      /* 每列间的距离为15px */
    }
    img{
        width: 230px;
    }
</style>
```

一个粗略的瀑布流布局预览如图11-28所示。

现在布局存在的问题是有的数据块被生硬地分割成了两个部分，图片在前一行，文字部分却在后一行。怎么解决这个问题呢？可以定义div元素的显示方式display为行内的块级元素inline-block，也就是在一行内作为整体的块级元素显示（图11-29）：

```
div{
    display: inline-block;
}
```

最后，我们再为每1个div元素定义一些背景颜色、内外边距等样式：

```
div{
    box-sizing:border-box;
    width: 260px;
    padding: 15px;
    background-color: lightgray;
    border-radius: 3px;
    margin-bottom: 20px;
    display: inline-block;
}
```

最终效果如图11-30所示。

CSS是实现瀑布流最简单的方法，但有一定的缺陷：

一是需要较高的浏览器的支持，兼容性较窄。另外，为了得到各种浏览器对column属性的支持，我们还需针对不同的浏览器重复定义，比如Webkit内核的浏览器，必须加上-webkit前缀：

```
section{
    width: 1080px;
    margin: 10px auto;
    column-count: 4;
    column-gap: 15px;
```

图11-28　分成4列后的粗略效果

图11-29　div作为行内的块级元素显示

图11-30 CSS瀑布流布局效果

```
    -ms-column-count: 4;     /*兼容 IE 9 */
    -ms-column-gap: 15px;
    -webkit-column-count: 4;     /*兼容 Safari或Chrome */
    -webkit-column-gap: 15px;
    -moz-column-count: 4;     /*兼容 Firefox */
    -moz-column-gap: 15px;
}
```

二是数据块默认按照从第1列的由上至下，到达一定高度后，再把剩余的数据块依次排列到下一列，而不是经典的往底部排列的方式。所以，为了有更好的效果，瀑布流经常用算法来实现，比如依靠Javascript或jQuery配合CSS来实现。

第三部分讲到的知识点都是在网页设计中比较实用和流行的HTML和CSS代码，需要反复练习、实践，融会贯通，可以做出很有意思的网页。如果希望进一步探索网页开发的乐趣，还有如Javascript、bootstrap等更广阔的空间等待大家发掘！

课后习题

1. 网络上有哪些常见的布局样式？试着收集归纳分析。
2. 尝试用CSS样式制作2栏自适应布局和3栏自适应布局页面。
3. 学习编写双飞翼布局和圣杯布局代码。
4. 课程学习结束之际，尝试开发一个自己的个人站点，设计各页面并制作出来。

参考文献

REFERENCES

［1］Jennifer Niederst Robbins. Learning Web Design: A Beginner's Guide to Html, Css, Javascript, and Web Graphics［M］. Published by O'Reilly Media，2018.

［2］Philippe Hong. Practical Web Design［M］. Published by Packt Publishing，2018.

［3］传智播客高教产品研发部. HTML5 + CSS3网站设计基础教程［M］. 北京：人民邮电出版社，2016.

［4］刘欢. HTML5基础知识核心技术与前沿案例［M］. 北京：人民邮电出版社，2016.

［5］（美）卡斯特罗，希斯洛普. HTML5与CSS3基础教程（第8版）［M］. 望以文译. 北京：人民邮电出版社，2014.

［6］网格布局教程［OL］. http://www.ruanyifeng.com/blog/2019/03/grid- layout-tutorial.html.2019.3.25.

［7］Flex布局教程：语法篇［OL］. http://www.ruanyifeng.com/blog/2015/07/flex- grammar.html.2015.7.20.

［8］最简单的原生js轮播图（适合新手）［OL］. https://blog.csdn.net/qq_41481924/article/details/80515766.2018.5.30.